SAINT-HIPPOLYTE

MARTYR

D'après une gravure populaire (fin XVIIIe siècle)

UNE PAROISSE PARISIENNE

AVANT LA RÉVOLUTION

SAINT-HIPPOLYTE

PAR

L'ABBÉ JEAN GASTON

Vicaire à Saint-François-de-Sales

CONTRIBUTION A L'HISTOIRE RELIGIEUSE
ET ARTISTIQUE DE L'ANCIEN PARIS

(Ouvrage orné de 12 gravures et plans.)

Sceau du bailliage de Saint-Marcel (1416).

PARIS

LIBRAIRIE DES SAINTS-PÈRES

83, RUE DES SAINTS-PÈRES, 83

1908

UNE PAROISSE PARISIENNE

AVANT LA RÉVOLUTION

SAINT-HIPPOLYTE

UNE PAROISSE PARISIENNE

AVANT LA RÉVOLUTION

SAINT-HIPPOLYTE

PAR

L'ABBÉ JEAN GASTON

Vicaire à Saint-François-de-Sales.

CONTRIBUTION A L'HISTOIRE RELIGIEUSE
ET ARTISTIQUE DE L'ANCIEN PARIS

(Ouvrage orné de 12 gravures et plans.)

Sceau du bailliage de Saint-Marcel (1416).

PARIS
LIBRAIRIE DES SAINTS-PÈRES
83, RUE DES SAINTS-PÈRES, 83
1908

—

PRÉFACE

—

Aux amis du vieux Paris — aux curieux de l'histoire de l'art français — à tous ceux qui ont quelque souci du passé religieux de la Capitale, nous offrons la présente monographie de la paroisse Saint-Hippolyte.

Cette paroisse n'était connue, jusqu'à ce jour, que par les courtes notices qui lui sont consacrées dans les Histoires générales et les anciennes Descriptions de Paris.

Elle méritait mieux.

Les archéologues nous sauront gré d'avoir recueilli les souvenirs d'une des églises disparues de ce quartier Saint-Marcel qui a toutes leurs prédilections, parce qu'il fut le théâtre de fouilles très-fructueuses et le berceau de glorieuses industries.

Les artistes aussi auront un intérêt particulier à lire cette étude. Saint-Hippolyte fut en effet jadis l'église paroissiale de la Manufacture Royale des Gobelins. Elle a vu se dérouler sous ses nefs de brillantes processions où Lebrun figurait en qualité de marguillier d'honneur. Mignard a admiré ses précieux vitraux. Le grand amateur de tableaux, Jean de Jullienne, a été son bienfaiteur insigne et avait groupé pour la décorer toute une pléiade de peintres estimés. Tous les grands noms des Gobelins, enfin, figuraient sur ses registres, qui constituaient ainsi une mine de documents d'une valeur inestimable pour la reconstitution de l'état civil des artistes français du XVIIe et du XVIIIe siècle. Ces précieux registres ont disparu dans les criminels incendies de 1871 : mais nous avons *dressé un répertoire de plus de 600 actes qui leur sont empruntés et, au jugement de plusieurs personnes compétentes, ce répertoire ne sera pas la partie la moins utile de notre travail.*

Nous nous sommes proposé toutefois, avant tout, de fournir une modeste contribution à l'histoire du diocèse de Paris.

On verra revivre dans ces pages une paroisse — aujourd'hui oubliée — mais qui compta six siècles d'existence et dont la fin ne fut pas sans gloire.

Le temps est passé, il est vrai, de ces paroisses dont le titulaire n'était qu'un vicaire-perpétuel et supportait impatiemment, trop souvent, la tutelle du chapitre ou de l'abbaye qui avait conservé le titre et les droits de curé-primitif.

Mais les conditions du ministère ne sont pas changées dans leur fonds et il y a profit à étudier à distance la vie religieuse de nos pères, dans un de ces populeux faubourgs dont l'accroissement ininterrompu nécessitait, coup sur coup, soit de dispendieux agrandissements de l'église, soit de douloureux démembrements du territoire paroissial.

Nos confrères aimeront enfin à s'encourager par les exemples de zèle de tant de curés dont nous redisons le labeur et les vertus et ils ne verront pas rappeler sans fierté l'héroïsme déployé en 1791 par le clergé de Saint-Hippolyte, dont pas un membre ne figure sur la liste des prêtres jureurs, publiée par la municipalité de Paris.

*
* *

Les éléments de ce travail sont empruntés, à peu près exclusivement, à des sources inédites. Nos recherches — qui ont absorbé depuis longtemps le meilleur de nos vacances annuelles — ont été poursuivies surtout aux Archives Nationales, *aux* Archives Départementales de la Seine, *et aux* Cabinets des Manuscrits et des Estampes de la Bibliothèque Nationale. *Nous avons aussi trouvé quelques pièces intéressantes aux* Archives de la Préfecture de Police, *à la* Bibliothèque de la Ville de Paris, *au* Cabinet des Estampes du Musée Carnavalet *et à la* Bibliothèque Mazarine.

Partout notre travail a été facilité avec une bonne grâce dont nous sommes profondément reconnaissants.

Qu'il nous soit permis de remercier plus particulièrement, — avec nos confrères MM. les abbés Carré et Grente, — MM. Léon Le Grand et Jules Viard, archivistes aux Archives Nationales, *M. Ernest Coyecque, actuellement sous-chef du service des Eaux à la Préfecture de la Seine et M. Lucien Lazard, sous-chef aux* Archives de la Seine.

Abbé JEAN GASTON.

UNE PAROISSE PARISIENNE
AVANT LA RÉVOLUTION

SAINT-HIPPOLYTE

CHAPITRE PREMIER

LES ORIGINES DE LA PAROISSE

Une curieuse description de la ville de Saint-Marcel. — Saint-Hippolyte n'est d'abord qu'un simple oratoire : on présume que sa construction remonte au règne de Robert le Pieux. — Il est mentionné pour la première fois dans une bulle pontificale de 1158. — Érection de l'oratoire en paroisse avant 1205 : sous quelles réserves le chapitre de Saint-Marcel y consentit.

Il n'est pas rare de voir s'élever de nombreux oratoires autour des sanctuaires importants et des centres de pèlerinage. Saint-Hippolyte ne fut ainsi sans doute à l'origine qu'une simple chapelle de dévotion, bâtie à peu de distance de l'église Saint-Marcel où l'on vénérait le tombeau de l'illustre évêque de ce nom. Une autre chapelle, plus rapprochée encore de l'église, était érigée sous le vocable de Saint-Martin.

Le coteau, sur le penchant duquel saint Marcel avait été inhumé vers 436, dominait la rive droite de la Bièvre, à peu de distance de la Seine. Toute cette région semble avoir été dès les premiers siècles de notre ère la nécropole de la cité voisine et l'on a recueilli, en grand nombre, au cours des fouilles opérées dans ce quartier, des sarcophages et des objets funéraires de l'époque gallo-romaine.

Autour de l'église érigée sur le tombeau de saint Marcel et qui d'après certaines traditions aurait eu pour patron primitif saint Clément pape, un village se constitua peu à peu, dont le

premier nom fut celui de Chamboy. C'est du moins ce que
nous lisons dans un mémoire du XVIIIe siècle, présenté par le
chapitre de Saint-Marcel pour obtenir que le cloître de la
collégiale ne fût pas compris dans les opérations du numé-
rotage des maisons (1). Ce mémoire esquisse l'histoire du
quartier d'une manière curieuse, sinon véridique :

« Ce qu'on appelle le fauxbourg Saint-Marcel ou par corruption
Saint-Marceaux n'a pas toujours été nommé Saint-Marcel. C'était
autrefois une petite ville nommée Chamboy, érigée en baronnie-
pairie pour servir d'apanage à quelques uns des enfants de France
dans la fin de la première race et au commencement de la seconde.
Cette ville était tellement séparée de Paris que, depuis le pont aux
Tripes sur la rivière de Bièvre, actuellement des Gobelins, il n'y
avait aucune maison jusqu'au Petit-Châtelet. C'est pour cela que
Fortunat, évêque de Paris dans le VIe siècle, félicitait les Parisiens
de ce qu'on bâtissait l'église de Saint-Denis du Pas dans leur cité
et qu'ainsy ils n'auraient plus à traverser les ronses et les épines et
à faire un chemin fâcheux pour assister aux saints mistères dans
l'église de Clément qui est la chapelle basse de Saint-Marcel où
les premiers chrétiens ont été baptiscz dès l'année 250 ou 260.
C'est ainsi que parle Fortunat dans son Epigrame.

« On sait que, depuis, le nom de Chamboy a été changé en celui
de la ville de Saint-Marcel, qui est du temps de Charlemagne qui
fit bâtir la grande église et qui confirma le chapitre dans la possession de la ville et autres biens, ainsy que Charles dit le Glorieux,
par une chartre authentique dont l'original est dans la bibliothèque
du Roy...

« ... La ville de Chamboy autrefois, à présent de Saint-Marcel, avait
quatre portes : l'une au pont aux Tripes sur la rivière de Bièvre
en venant de Paris ; l'autre qui subsiste encore dans les vestiges et
où est à présent la barrière dite des Gobelins sur le chemin qui va
à Lyon, l'autre en venant de Paris par le faubourg de Saint-
Victor au lieu dit la Croix-Clamard et enfin la quatrième au petit
pont de Saint-Hipolite sur la rivière des Goblins et au bout de la
rue qui conduit à la rue de Lourcine. Il y a aussi la rue qui conduit de la Croix Clamard aux Goblins qui est nommée des Fossés-
Saint-Marcel parce que ces fossez formaient l'enceinte de la ville
de ce côté, qui était fermée de l'autre par la rivière de Bièvre... »

----

(1) Arch. Nat. K 982.

La première mention de Saint-Hippolyte se trouve dans une bulle d'Adrien IV, du 26 juin 1158, par laquelle il confirme le chapitre de Saint-Marcel dans toutes ses possessions, notamment dans ses droits sur les deux chapelles du bourg, Saint-Martin et Saint-Hippolyte, et sur la chapelle Saint-Hilaire du Mont.

[Prœterea] omnes illas libertates et priscas atque rationabiles consuetudines vestras quas intra ambitum claustri aut in burgo in quo ecclesia sita est seu in villis et possessionibus vestris, vel in *capellis* ipsius burgi, videlicet Sancti Martini et Sancti Hipolyti et in capellâ Sancti Hilarii de Monte hactenus habuistis, vobis auctoritate apostolicâ confirmamus (1).

Si Saint-Hippolyte avait été dès ce temps une paroisse, le pape ne l'aurait pas désignée comme une simple chapelle, car il nomme dans la même bulle l'*église* d'Ivry avec son cimetière, l'*église* de Saint-Gervais et Saint-Protais de Vitry avec son cimetière et les dîmes... On se persuadera donc facilement, avec Jaillot (2), que l'abbé Lebeuf a fait abus de l'hypothèse en supposant que Saint-Hippolyte avait été construit « pour le peuple » vers la fin du règne du roi Robert. La bulle d'Adrien IV, si précise dans ses qualifications, ne permet pas cette interprétation. Saint-Hippolyte ne fut au début qu'un oratoire de dévotion — ou si le chapitre y installa un prêtre pour donner les sacrements à la population du bourg, ce prêtre n'était encore qu'un chapelain amovible et obligé de rendre compte aux chanoines de sa gestion.

Il est possible après cela que la chapelle Saint-Hippolyte ait été construite du temps du roi Robert dont on sait la dévotion singulière pour ce saint martyr (3). Il attribuait en effet à son intercession la prise de Melun en 999 dont la nouvelle

(1) L'original de cette bulle, avec traces de sceaux, est conservé aux Archives Nationales (L 229, n° 14²). Elle a été publiée intégralement dans le *Cartulaire général de Paris* par M. de Lasteyrie, sous le n° 405.

(2) Jaillot. *Recherches critiques, historiques et topographiques sur la ville de Paris*, 1774. (Quartier de la place Maubert, t. V, p. 68.)

(3) Il ne faut pas confondre le patron de l'oratoire du faubourg St-Marcel avec le martyr africain saint Hippolyte étudié par les Bollandistes à la date du 23 février ni avec le prêtre Hippolyte d'Ostie ou de Porto que le martyrologe romain mentionne au 22 du mois d'août. Ce dernier

lui avait été apportée à Saint-Denis un jour qu'il y entendait l'office. Le choix de saint Hippolyte comme titulaire de l'oratoire du bourg Saint-Marcel donne donc quelque vraisemblance à l'opinion de l'abbé Lebeuf qui en fait remonter la construction au temps du pieux roi.

Cela ne veut pas dire toutefois que le roi Robert soit intervenu personnellement dans cette affaire et il y a loin du sentiment de l'abbé Lebeuf à l'assertion de Jacquemart (*Remarques historiques et critiques... 1792, page* 83), qui avance sans preuve aucune que le roi Robert lui-même aurait fait construire la nouvelle église et lui aurait donné son nom, après avoir obtenu pour elle de l'abbaye de Saint-Denis des reliques de saint Hippolyte (1).

** **

A quelle date se fit l'érection de Saint-Hippolyte en église paroissiale? Jaillot avait cru pouvoir conjecturer — en s'appuyant sur un factum emprunté aux preuves du livre de Sau-

---

aurait subi d'ailleurs le même genre de mort et aurait été également enterré à Rome.

Hippolyte était un soldat romain à qui Valérien avait confié la garde de saint Laurent et que le saint diacre convertit et baptisa dans sa prison même. L'empereur irrité le fit attacher au cou de chevaux indomptés qui mirent son corps en pièces (13 août 258). Dix-neuf membres de sa famille périrent décapités le même jour et sa nourrice, Concorde, expira sous les coups de fouet en présence d'Hippolyte. Les corps des saints martyrs, recueillis par les soins d'un prêtre nommé Justin, furent ensevelis dans le champ d'une femme du nom de Cyriaque.

Depuis la désaffectation en 1791 de l'église dont nous écrivons l'histoire, il n'y a plus dans Paris de paroisse érigée sous le vocable de saint Hippolyte. Une chapelle est consacrée à ce saint dans l'église Notre-Dame de Lorette, en souvenir de l'architecte Hippolyte Le Bas.

(1) D'après les Bollandistes (*Acta sanctorum,* 13 *août*) ce ne serait pas le corps du saint Hippolyte converti par saint Laurent, mais le corps d'un saint homonyme qui aurait été rapporté en France par le bienheureux Fulrad, abbé de Saint-Denis, au retour d'un voyage qu'il fit à Rome dans la seconde moitié du viii° siècle. Les possesseurs de corps saints sont assez enclins à les attribuer à des personnages renommés et l'on se flatta à tort de posséder dans les reliques obtenues par Fulrad les restes précieux de l'illustre geôlier du diacre Laurent.

Toujours est-il que ces reliques furent déposées par Fulrad dans une localité de l'ancien duché d'Alsace et du diocèse de Strasbourg, nommée Audaldevillers, qui était, croit-on, son pays natal. Elles y étaient encore val (1) — que cette érection avait eu lieu peu de temps après le ive Concile de Latran, tenu en 1215.

En effet, le canon XXXII de ce Concile avait ordonné aux curés de desservir eux-mêmes leur paroisse et lorsque la cure était attachée à une dignité obligeant le titulaire à servir dans une autre église, il avait prescrit de la faire administrer par un vicaire-perpétuel recevant une portion congrue sur les revenus curiaux. Jusque-là, les prêtres auxquels les fonctions du ministère étaient confiées dans ces sortes d'églises n'étaient souvent que des chapelains à titre révocable : les prescriptions du concile en firent des pasteurs inamovibles.

Mais le chapitre de Saint-Marcel n'avait pas attendu ces prescriptions du concile pour ériger l'oratoire Saint-Hippolyte en paroisse. Cette église se trouve, en effet, désignée comme une cure à la présentation dudit chapitre, dans le *Pouillé de Paris* d'environ 1205, récemment réédité par M. Longnon, de l'Institut, dans son précieux recueil des Pouillés de la province de Sens (2).

*
* *

Le chapitre se réserva toutefois certains droits comme marques de sa supériorité et il n'est pas indifférent de les indiquer dès maintenant, car l'histoire des curés de Saint-Hippolyte sera pendant plusieurs siècles et jusqu'aux dernières années même de la paroisse, l'histoire de leurs luttes contre le chapitre de Saint-Marcel pour obtenir une entière autonomie.

Voici, d'après un mémoire fourni par le chapitre au cours d'un retentissant procès dont nous suivrons les péripéties à la fin de cette étude, sous quelles réserves avait été consentie l'érection de Saint-Hippolyte en église paroissiale (3).

à sa mort en 778 et il est impossible de préciser à quelle date elles en furent emportées. Mais il paraît par une charte de Charles le Chauve de 862, qu'elles étaient alors à l'abbaye de Saint-Denis où leur translation avait eu lieu avec celle des reliques de saint Cucuphat.

(1) Sauval, *Histoire et recherche des antiquités de la Ville de Paris* tome III, page 13.

(2) Ouvrage cité, page 359.

(3) Mémoire pour les doyen, chanoines et chapitre de l'Église royale de Saint-Marcel, première collégiale de Paris, contre le sieur Bruté,

« [L'église de Saint-Marcel] ne consentit [à se priver de la plénitude des fonctions curiales] qu'à condition que les vicaires perpétuels des paroisses prises sur la sienne ne seraient nommés par l'évêque que sur sa présentation : qu'ils ne cesseraient point d'être chapelains du chapitre, celui de Saint-Martin le premier, celui de Saint-Hippolyte le second ; que le chapitre conserverait à jamais le titre de curé-primitif des paroisses démembrées de la paroisse unique et que l'église Saint-Marcel jouirait de différentes préro gatives pour preuve de sa prééminence.

« Les marques qu'il réserva de sa supériorité furent réglées par l'intérêt même que devait inspirer le culte et la pompe extérieure qu'il est toujours si convenable de lui donner.

Ce fut cet intérêt qui dicta :

1º Que l'on ne prêcherait point dans les églises paroissiales pendant l'Avent, le carême et les jours de fêtes solennelles aux mêmes heures que celles où l'on prêcherait dans l'église principale. C'était procurer aux fidèles les moyens de profiter d'une double instruction.

2º Que le chapitre exercerait les fonctions curiales dans les deux paroisses quand bon lui semblerait et surtout la veille et les jours de grandes fêtes, dont il ne pouvait être que très intéressant pour le culte que les offices se célébrassent avec beaucoup de pompe.

3º Que lorsque l'église Saint-Marcel ferait des processions générales, soit qu'elles fussent de son institution, soit qu'elles fussent ordonnées par le gouvernement ou par l'évêque, les vicaires perpétuels seraient obligés de se rendre sous ses bannières et d'y assister dans le rang et l'habit de chapelain. Un nombreux clergé inspire plus de respect et le peuple qui les suit a plus de dévotion, plus de recueillement, que lorsqu'il n'est conduit à ces processions que par quelques ecclésiastiques.

« C'est là l'idée qu'il faut se former des prérogatives que l'église dominante de Saint-Marcel se réserva.

« Le chapitre ne songea que très peu à ses intérêts particuliers. Il aurait pu conserver une partie des oblations, des offrandes, des présents et c'est ce qu'a fait le chapitre de Saint-Benoit lors de l'érection de la paroisse Saint-Jacques, mais le chapitre de Saint-Marcel abandonna le tout à ses vicaires perpétuels ; son désintéressement alla jusqu'à leur accorder à chacun une part dans ses distributions communes en grains et en argent, pourvu qu'ils assis-

vicaire perpétuel, les marguilliers, et paroissiens de la paroisse Saint-Hyppolite. (Bibl. Mazarine, A 16558, pièce 25, page 6 et suiv.)

Nous aurons plusieurs fois l'occasion de citer cette pièce au cours de cette histoire, sous le titre abrégé de *Mémoire contre Bruté*.

tassent aux offices de Saint-Marcel en qualité de chapelains, aux heures qu'ils ne seraient pas occupés dans les églises paroissiales : enfin le chapitre ne se réserva pour toutes choses que l'universalité des dîmes. »

La suite de cette histoire nous permettra de juger si cette tutelle était bien véritablement aussi légère et aussi profitable que le prétendaient les chanoines.

CHAPITRE II

AU COURS DES XIIIe ET XIVe SIÈCLES

Le plus ancien legs connu en faveur des curés de Saint-Hippolyte. — « Monseigneur Robert » premier prêtre de la paroisse dont le nom nous soit parvenu. — Résidences royales et seigneuriales sur les bords de la Bièvre au XIIIe siècle. — Les drapiers Quercitani, précurseurs des Gobelin. — Le curé Geoffroy Bernard. — Insécurité du bourg Saint-Marcel aux environs de 1360. — La terre de Reculette. — Le curé Guillaume Jausserand. — Importance documentaire des registres capitulaires de Saint-Marcel.

Il est pour la première fois question de la nouvelle paroisse, à l'occasion d'un legs de 26 deniers de rente annuelle fait par Bernard de Saint-Victor et sa femme Ameline aux curés de Saint-Martin et de Saint-Hippolyte. Encore ce legs ne leur est-il attribué, ce semble, qu'à raison de leur assistance à un service anniversaire fondé en l'église Saint-Marcel par les testateurs.

« Ego Michael, decanus et capitulum Sancti Marcelli Parisiensis notum facimus universis presentes litteras inspecturis quod defuncti Bernardus [de Sancto Victore] et Amelina uxor ejus pro anniversario in nostra ecclesia faciendo annuatim legaverunt nobis decem solidos de cremento census et *presbiteris parochialibus Sancti Martini et Sancti Ypoliti* XXVI denarios annuatim percipiendos in domibus suis in terrâ Sancti Mederici in vico novo, Parisius...

Cette fondation est antérieure au mois de décembre 1224, date à laquelle Bernard de Saint-Victor était déjà mort (1) et le

(1) Cartulaire et censier de Saint-Merry de Paris, conservé à la bibliothèque du Vatican, publié par C. Couderc dans les Mémoires de la Société de l'Histoire de Paris, t. XVIII, p. 140.

texte où elle est mentionnée est un acte du mois de mars 1225 (n. s.) par lequel le doyen et le chapitre de Saint-Marcel consentent aux chanoines de Saint-Merry une cession de 12 deniers de cens annuel, à raison du legs de Bernard et de sa femme Ameline (1).

Nous ignorerons toujours sans doute quels furent les desservants de la paroisse à cette époque lointaine.

Le premier membre du clergé de Saint-Hippolyte dont le nom nous soit parvenu est un prêtre du nom de Robert qui contresigne en décembre 1245 devant l'official de Paris un legs fait à l'Hôtel-Dieu par Thioud de Retelles de tous les biens meubles et immeubles qu'il possèdera à son décès (2). Ce « Robert de Saint-Ypolite de Saint-Marcel » est sans doute le même dont l'abbé Drouyn a transcrit l'épitaphe (3) dans sa copie des inscriptions de l'église Saint-Marcel :

Cy gist Monseigneur Robert, jadis prestre de Saint-Hypolite.
Priés que Dieu bonne mercy face à l'ame.

Le XIIIe siècle ne nous fournit aucun autre document relatif à Saint-Hippolyte.

Le voisinage du couvent des Cordelières valut alors sans doute à la modeste église paroissiale de royales visites : celle de Saint Louis, celle de sa veuve la reine Marguerite ou de Blanche sa fille. Les bords de la Bièvre à Saint-Marcel, après avoir servi de nécropole à la rive gauche de Paris, commençaient d'ailleurs à être un faubourg de plaisance pour les princes de la cour et les hauts dignitaires ecclésiastiques. Devant l'orme voisin de Saint-Hippolyte (4) et qui fait penser à l'orme fameux de Saint-Gervais, on pouvait voir défiler les équipages d'illustres paroissiens, le comte de Saint-Paul (5) par

---

(1) Cartulaire de Saint-Merry, pp. 111-112.

(2) *Archives de l'Hôtel-Dieu de Paris,* publiées par Léon Brièle, avec notice, appendice et tables par E. Coyecque, nᵒ 506.

(3) Bibl. Nat. Mns. F. Fr. 22864, p. 107.

(4) « ulmum qui prope ecclesiam sancti ypoliti existit». Cette indication se trouve dans un acte passé en 1300 le samedy après la fête de sainte Marie-Madeleine par Richard Laisné, curé de Saint-Martin du cloitre Saint-Marcel qui donne à cens et à rente une maison sise à Saint-Marcel devant cet orme. (Arch. Nat. S 1925 B, dossier 3).

(5) Acte devant l'official de Paris du lundy avant la Madeleine 1301 au sujet d'une maison de la rue de Bièvre tenant à celle du comte Saint Paul (Arch. Nat. S 1925 B, nᵒ 26.)

exemple qui avait une maison rue de Bièvre (aujourd'hui rue des Gobelins), ou l'évêque d'Amiens (1) qui possédait une propriété même rue. Et peut-être lisait-on aussi d'illustres noms sur les « tombes taillées à la manière du XIIe et du XIIIe siècle, » que l'abbé Lebeuf a vues encore de son temps « entre le chœur et le sanctuaire » de l'église Saint-Hippolyte (2). Mais sans doute n'était-il plus possible alors de déchiffrer les épitaphes, car aucune ne nous a été conservée par le docte historien du diocèse de Paris.

Avec le XIVe siècle, les documents relatifs à Saint-Hippolyte se présentent en plus grand nombre.

Ce sont d'abord des indications de rentes ou fondations.

Par acte passé en 1304, le lundy après la fête de Saint-Vincent martyr, devant l'official de Paris, MM. de Saint-Marcel donnent à rente à Guillaume Sainthomme et à Marie sa femme, une maison sise rue de Bièvre en leur censive, tenant d'une part à celle d'Etienne de Cahors, d'autre part à celle de Nicolas de Bachou, chargée de 1 sol parisis de rente au curé de Saint-Hippolyte, ladite redevance payable à la Saint-Martin d'hiver (3).

Un autre acte passé le 29 may 1346 devant le prévôt de Paris concerne une maison avec jardin sise aussi rue de Bièvre, tenant d'une part à la maison des hoirs Guillaume le Barbier et d'autre part à la maison de Lubin de Caoure, chargée de 4 sols parisis de rente au curé de Saint-Hippolyte (4). Cette rente s'élevait à 8 sols parisis au 28 juin 1344, comme il paraît par un acte passé à cette date, devant le prévôt de Paris (5).

La population du bourg Saint-Marcel ne cessait d'ailleurs de

(1) Acte devant le prévôt de Paris du jeudy après la Chandeleur 1324 (n. s.) au sujet d'une maison de la rue de Bièvre tenant à l'évêque d'Amiens... (Arch. Nat. S 1925 B, n° 27.)

(2) Lebeuf, *édition Cocheris*, t. II, p. 11.

(3) Arch. Nat. S 1925 B, n° 1.

(4) *Ibidem*, n° 13.

(5) *Ibidem*, n° 14.

croître et dès cette époque nous voyons apparaître un élément de prospérité qu'il est curieux de noter : l'industrie du drap. Au mois de janvier 1317 (n. s.), Philippe V accorde des lettres de naturalité à Berthelin Quercitani, à Jaquin Quercitani son frère, à Jacques Fava et à Colin Usimbardi, établis à Saint-Marcel-lez-Paris « et ibidem draperiam fieri facientes et operari ». Charles V confirme ces lettres en mai 1322 et Philippe VI fait de même en avril 1331 pour Jacques Fava (1). Les drapiers font pressentir les teinturiers; les frères Quercitani appellent les Gobelin.

Un compte de 1352 des collectes faites pour la cour de Rome nous apprend que Geoffroy Bernard était curé de Saint-Hippolyte au terme échu le 1er novembre 1351 (2). C'est le plus ancien curé dont nous ayons pu retrouver le nom, car le titre de curé n'est pas donné au prêtre Robert dont nous avons cité plus haut l'épitaphe.

Si Geoffroy Bernard était encore en charge dans les années qui suivirent, il dut avoir bien à souffrir de l'insécurité du bourg Saint-Marcel en cette période si troublée. Cette insécurité était telle en 1356 et 1357 que les Mineures de Saint-Marcel furent contraintes de chercher un abri à Paris, fuyant devant les compagnies dont les tristes exploits, au dire du continuateur de Nangis, rappelaient ceux qui avaient rendu si redoutables les Brabançons du siècle précédent.

Ce fut bien pis en 1360, quand pour affamer les Anglais, le duc de Normandie brûla les faubourgs Saint-Marcel, Saint-Germain et Notre-Dame des Champs (3). L'église Saint-Hippolyte échappa sans doute à l'incendie, restreint apparemment aux cultures et aux approvisionnements : mais quelle ruine pour les paroissiens !

Cette année même, un prêtre du nom de Richard Prudhomme, par acte passé devant l'official de Paris, le vendredi après la fête de Saint-Pierre-ès-liens, léguait quatre sols parisis de

---

(1) *Documents parisiens du règne de Philippe VI de Valois* publiés par Jules Viard, t. I, p. 105, (Société de l'Histoire de Paris et de l'Ile de France, années 1898-1899).

(2) *Pouillés de la province de Sens*, publiés par A. Longnon, p. 376.

(3) *Etienne Marcel*, par Perrens, p. 336.

rente à l'église Saint-Hippolyte sur une maison lui appartenant grande rue Saint-Marcel, tenant d'une part à la maison *du Plat d'Etain*, d'autre part à la maison *de la Croix*, à la charge d'un anniversaire à célébrer après sa mort tous les ans pour son âme et celle de ses père et mère (1).

Les archéologues, curieux de l'antiquité de certains vocables qui ont subsisté jusqu'à nos jours, aimeront à noter dans un bail du 10 mai 1378 que l'église Saint-Hippolyte touchait une redevance de 18 deniers parisis sur trois arpents de terre sis « à Reculette » (2). Il n'est pas indifférent de fixer de telles dates à l'heure où la pioche des démolisseurs va bientôt peut-être jeter à bas les clôtures si resserrées du pittoresque passage des Reculettes (3).

Il nous faut aller enfin jusqu'au 14 février 1393 (n. s.) pour trouver une nouvelle indication d'un curé de Saint-Hippolyte : Guillaume Jausserand. Le registre capitulaire de Notre-Dame pour cette époque nous le montre présent, audit jour, à la reconnaissance faite par un certain Jean Fabre d'une dette de 7 livres 8 sous et quelques deniers (4).

Avec le nom de Guillaume Jausserand se clôt la trop courte liste des mentions relatives à Saint-Hippolyte que nous ont fournies, pour les XIIIe et XIVe siècles, de longues recherches dans les cartons de la série S des Archives nationales. La rareté même des trouvailles les rend plus précieuses : aussi avons-nous consigné les moindres souvenirs de cette lointaine époque.

Les registres capitulaires de Saint-Marcel, dont la longue suite va du 17 août 1416 jusqu'à la période révolutionnaire sans presque aucune solution de continuité, faciliteront désormais singulièrement notre tâche. A tout le moins y trouverons-nous presque toujours l'indication des mutations de curés, le chapitre s'étant réservé, comme on l'a vu, le droit de présentation à la

(1) Arch. Nat. S 1927 A.

(2) Arch. Nat. S 1923 A.

(3) Ce passage est une ruelle étroite et tortueuse — éclairée encore aujourd'hui par des quinquets —, qui fait communiquer la rue Croulebarbe et la rue Abel-Hovelacque. On lit sur le linteau de la porte d'entrée ces mots qui portent bien avec eux leur date : *Respect à la loi et aux propriétés*.

(4) Arch. Nat. LL 108 A, fol. 69.

cure de Saint-Hippolyte. Que d'intéressants détails recèlent d'ailleurs pour l'histoire du quartier Saint-Marcel et des diverses églises soumises à la collégiale, ces comptes rendus des séances du chapitre jusqu'ici trop inexplorés (1). Nous les signalons aux futurs historiens des paroisses de Villejuif, Vitry, Ivry, Asnières, Saint-Maurice-Charenton, etc... Ces registres sont vraiment une source de premier ordre pour l'histoire religieuse, civile, économique même, de l'ancien faubourg Saint-Marcel et de toute une partie de la banlieue sud de Paris pendant près de quatre siècles.

(1) M. Guiffrey (Jules) du moins les a utilisés avec un large profit pour l'étude sur les Gobelin, teinturiers en écarlate au faubourg Saint-Marcel, qu'il a publiée dans le volume XXXI des Mémoires de la Société de l'Histoire de Paris.

CHAPITRE III

LA PAROISSE AU XVe SIÈCLE

———

Denis Saudubreuil († 1422). — Premier conflit entre les archidiacres de Josas et le chapitre de Saint-Marcel. — Gobert de Rosières (1422-1432) : ses velléités d'indépendance. — Les Armagnacs saccagent le quartier. — Cancien Triboular (1434-1488) voit arriver les Gobelin sur la paroisse : fondations et épitaphes diverses relatives à des membres de cette famille. — Le curé Guillaume Bordier. — La chapelle de secours de Notre-Dame des Champs.

Le premier curé de Saint-Hippolyte dont le nom apparaisse dans les registres du chapitre de Saint-Marcel est Denis Saudubreuil. Il est mentionné avec cette qualité à la date du 8 juillet 1420 (1), et il y a lieu de penser qu'il était titulaire de la cure dès avant le mois d'août 1416, puisqu'il n'est pas question de sa nomination dans cet intervalle. Peut-être même sa nomination est-elle antérieure à un concordat passé le 8 août 1414 entre Me Guillaume Cardonnel, archidiacre de Josas et Me Jehan de Nanterre, doyen de Saint-Marcel (2). Dans ce cas il aurait succédé à un curé après le trépas duquel l'archidiacre se plaint d'avoir été frustré de ses droits par les chanoines de Saint-Marcel. L'archidiacre prétendait, à la mort de tout curé de son archidiaconé, avoir la garde de ses biens meubles, l'administration des biens et vases d'autel à lui confiés par les paroissiens et encore l'entretien du presbytère. Il prétendait aussi être autorisé à prendre par ses mains ou par les exécuteurs ou héritiers du curé le meilleur lit fourni de draps possédé par le curé au jour de sa mort, avec un surplis et une aumusse et il revendiquait pareillement les oblations faites en l'église le jour des obsèques

(1) Arch. Nat. LL 551, f. 28.
(2) Arch. Nat. S 1946², f. 26 et 27.

et jusqu'à l'arrivée du successeur du défunt. On convint qu'il
serait établi deux parts égales, une pour l'archidiacre et l'autre
pour le doyen, tant qu'ils seraient l'un et l'autre en charge,
sans préjudice des droits des archidiacres et doyens leurs successeurs.

Le 7 mars 1421 (n. s.), les chanoines de Saint-Marcel donnent
à Denis Saudubreuil, contre une redevance annuelle de cinq sous
parisis, une maisonnette avec jardin sise devant l'église Saint-
Hippolyte, tenant d'une part à Jean Meulin et d'autre part
aux héritiers de messire Denis Couppet (1).

Un acte du 12 juin même année passé devant Desportes et
de Troyes, notaires au Châtelet de Paris, fait mention d'une
rente de 5 sols parisis aux quatre termes, due pareillement à
l'église d'Hippolyte sur une maison avec jardin rue de Bièvre,
tenant d'une part à Gilles Veau et par derrière à Guillaume
Bohaint (2).

*
* *

Denis Saudubreuil venait de mourir, lorsque le chapitre présenta pour lui succéder le 2 avril 1422 (n. s.) Nicolas Le Crespé,
du diocèse de Sens, ancien chapelain de l'autel de Saint-Marcel dans l'église collégiale (3). Mais Le Crespe résigna presque
aussitôt en faveur de Gobert de Rosières, chapelain de Sainte-
Madeleine à Saint-Marcel et Gobert de Rosières eut dès
le 6 avril ses lettres de présentation pour la cure de Saint-
Hippolyte.

Le 25 avril de l'année suivante, le nouveau curé, accompagné
de son vicaire et de six paroissiens, venait humblement présenter
ses excuses au chapitre pour avoir voulu s'opposer à ce que le
doyen fît quelques jours auparavant la visite de son église et
pour ne lui avoir donné ensuite aucune des marques de respect
ordinaires en pareil cas. L'affaire n'eut pas de conséquence,
mais c'est le premier incident connu d'une lutte qui se poursui-
vra pendant trois siècles avec des alternatives diverses de
répit et de recrudescence.

Gobert de Rosières administra la paroisse pendant plus de

(1) Arch. Nat. LL 551, f. 33. v°.
(2) Arch. Nat. S 1925 B.
(3) Arch. Nat. LL 551, f. 41.

dix ans. Il mourut dans les premiers jours d'octobre 1432 et le chanoine en tour de nommer désigna le 10 de ce mois, pour lui succéder, Louis de Grantrue, maître-es-arts, qui déclina cette offre (1). Le chapitre présenta alors le 24 octobre un autre candidat, du nom de Jean Colet (2). Il y a lieu de croire que cette nomination fût maintenue, puisqu'il n'est plus question de Saint-Hippolyte dans les comptes rendus des séances suivantes du chapitre. Toutefois nous n'avons trouvé aucun acte où Jean Colet paraisse en qualité de curé.

Moins d'un an après, les Armagnacs saccagaient Saint-Marcel et on ne peut douter que Saint-Hippolyte ait eu à souffrir de leur passage, quand on lit ces lignes du journal d'un bourgeois de Paris « ...Le VIIe jour de may 1433 vindrent les Arminalx à mynuit en la ville de Sainct-Marcel-lez-Paris et firent moult de maulx, car ils prindrent hommes, femmes et enfants, dont ils orent moult grand finance et ainsi eulx en allèrent, tuant, occiant, boutans feus en mostiers et à cette fois cuillirent moult grant proye qui moult greva Paris; car pour celle prinse enchery tout plus que devant (3) »

* *

Dès 1434, la cure de Saint-Hippolyte était occupée par Cancien Triboular (4), précédemment vicaire de Saint-Victor en l'église Saint-Marcel pendant six ans. Nous pouvons déduire la date approximative de sa nomination d'un texte des registres capitulaires du 17 avril 1479 (n. s.). En effet, dans la séance de ce jour, le chapitre faisant droit à une supplique de Cancien Triboular l'autorise à toucher sa part dans les distributions, même s'il n'a pu assister aux offices de l'église collégiale. Or, cette faveur lui est accordée à raison de son grand âge et de ses services comme curé de Saint-Hippolyte *depuis quarante-cinq ans* (5).

(1) Arch. Nat. LL 551, f. 99.

(2) *Ibidem*.

(3) Publié par Alex. Tuetey dans les *Mémoires de la Société de l'histoire de Paris*, 1881 (p. 294).

(4) Le nom est diversement orthographié suivant les textes : Triboillart, Tribouillard, Triboular.

(5) Arch. Nat. LL 552.

Ce n'était pas, d'ailleurs, le premier avantage que Cancien Triboular eût retiré de ses bonnes relations avec le chapitre. Par contrat, passé le 14 février 1458 devant Regnard et son confrère, notaires, les chanoines lui avaient baillé à charge de deux deniers parisis de cens, plus un boisseau d'avoine avec la géline, le jardin du grand presbytère, rue des Marmouzets (1). Le presbytère lui-même, avec le jardin qui en dépend et un autre jardin attenant au presbytère, fut acquis suivant contrat passé par Philippes Sanson, devant Pinel, notaire au Châtelet, le 20 novembre 1480 : il était chargé de 8 deniers parisis de cens et de 12 sols parisis de rente envers le chapitre (2).

*
* *

Au cours de sa longue administration, Cancien Triboular vit arriver sur sa paroisse une famille de teinturiers, dont la fortune devait prendre en peu d'années un prodigieux développement.

Le chef de cette famille, Jean Gobelin, était installé sur les bords de la Bièvre dès 1443. Le 23 août de cette année, il prenait en effet à rente de MM. de Saint-Marcel une maison à l'enseigne *du Cygne*, sise grande rue Saint-Marcel et aboutissant par derrière en la rue de Bièvre (3).

Puis, cette maison devenant sans doute trop étroite pour ses nombreux enfants, il y adjoignit le 19 janvier 1454 une maison contiguë, avec cour et jardin, sise rue Saint-Hippolyte. Le quartier général de la famille était donc dans le voisinage immédiat de l'église Saint-Hippolyte où furent inhumés plusieurs de ses membres (4).

Jean Gobelin mourut à la fin de l'année 1475 ou dans les premiers jours de 1476. Son nom figure sur un obituaire de la paroisse dressé sous un des curés suivants, Eustache Savary, ainsi que le nom de trois de ses enfants : Philibert et Jean, qui furent chefs des deux branches principales des Gobelin et un autre Jean, chanoine de Saint-Marcel (5).

(1) Arch. Nat. S* 1948¹, f. 74.
(2) Arch. Nat. S 1931.
(3) Arch. Nat. S 1922 A.
(4) Arch. Nat. S 1925 A.
(5) Bib. Nat. Mns. F. Fr. 11754. Cet obituaire est antérieur à l'année

Nous avons été assez heureux dans nos recherches pour retrouver divers textes de fondations faites par des membres de la famille Gobelin. Nous les transcrirons ici, pour grouper sans préoccupation d'ordre chronologique tout ce qui a trait aux rapports de ces illustres teinturiers et de la paroisse Saint-Hippolyte.

La première fondation est celle de Jean, dit l'aîné, fils de l'auteur même de la dynastie.

[Item] ledit testateur laisse à l'œuvre et fabricque dudit sainct Ypolite trois livres tournois qu'il a droit de prendre chacun an sur une maison scituée aud. lieu de Sainct Marcel en la rue de Bièvre qui appartenait pour lors à Jaquette, fille de feu Jehan Aupas. Par ainsi que les marguilliers dud. lieu seront tenuz faire dire en lad. église tous les mois une messe de Requiem par led. curé ou son vicaire pour l'âme dud. testateur...

Il se trouva toutefois que cette maison était déjà chargée d'une autre rente : aussi la fabrique reçut-elle en échange un titre de rente de la même somme, gagée sur une maison de Mahiet David, aussi rue de Bièvre. Ce fut l'objet d'une transaction passée le 3 novembre 1513, entre Catherine Langlois, veuve du testateur, Philibert Langlois, bourgeois de Paris, et Jean Gobelin, marchand teinturier, comme exécuteurs testamentaires d'une part et d'autre part les marguilliers de Saint-Hippolyte, François Canaye, marchand teinturier en écarlate, Guillaume Barbier, Henry Pastoureau et Guillaume Lécuyer (1).

Un autre Jean Gobelin, teinturier, qui mourut sans héritiers le 25 janvier 1584 à l'âge de 43 ans, a laissé le souvenir d'un bienfaiteur insigne de la paroisse. Il avait fait don de son vivant à l'église de Saint-Hippolyte de trois ornements complets de soie de damas et de taffetas, un blanc, un rouge et un noir, composés chacun de chasuble, tunique, dalmatiques, doubles parements et courtines. A lui seul, l'année qui précéda sa mort, il avait donné autant que le reste de la paroisse pour le prédicateur du carême. Aucun pauvre ne s'adressait en vain à sa

1561. Mais les curés successeurs d'Eustache Savary y ont ajouté diverses mentions de fondations plus récentes.

(1) Arch. Nat. S 3371.

charité : aux indigents il donnait du pain, mais aux vieillards et aux malades de l'argent en place de pain. Dans la peste de 1580, il interrompit les travaux de la teinturerie, mais n'en paya pas moins le salaire accoutumé aux ouvriers condamnés à l'inaction.

Il avait épousé Madeleine Le Prestre qui lui survécut, comme aussi lui survécurent son père, Jean Gobelin, et un frère dont nous ne pouvons préciser le nom. Nous savons seulement que ce frère, son aîné de deux ans, avait le titre de secrétaire du roi et qu'il prit à sa mort la direction de la teinturerie.

Une copie du testament de ce Jean Gobelin, a été conservée dans le registre 20.309 du fonds français des manuscrits de la Bibliothèque Nationale (1). Nous en citerons quelques extraits.

In nomine Domini + amen. Jesus-Maria.

Cejourd'huy XXIVe janvier 1584, honorable homme sire Jehan Gobelin, le jeune, estant en son lit malade, toutefois sain d'entendement et pensée, a ordonné et fait testament et ordonnance de dernière volonté ainsy et en la forme comme il s'ensuyt.

. . . .

...Item quand il plaira à Dieu faire la séparation de son âme d'avec le corps, qu'il soit ensépulturé en l'église de monsieur Saint-Hippolite prez et au lieu où sont ensépulturez sa mère, parents et amis.

Item veut avoir pour accompagner son corps en sa sépulture vingt prestres, le clerc avec M. le curé...

...Item veut trois services complets, chacun de vigiles, recommandations, trois haultes messes et treize basses, estre faicts en l'église S. Hippolite lieu de sa sépulture. Item a ordonné trois services solennels à perpétuité, chacun de vigiles, recommandations, trois haultes messes et *libera* sur la fosse. Pourquoy faire il donne 300 escuts. Desquels trois services, le premier sera le jour de son trespas, le 2e au mercredy de la saincte sepmaine et le 3e le lendemain de S. Jehan-Baptiste. A chacun desquels services assisteront 10 prestres avec le curé...

Suivent les legs, parmi lesquels nous noterons :

À M. le curé de S. Hippolite 20 escuts, une robbe et un chapron...

____

(1) f. 250 et suiv. — A la suite du libellé du testament, le transcripteur a ajouté quelques notes biographiques sur ce Jean Gobelin. Nous sommes redevables de la connaissance de cette pièce à l'obligeance de M. J. Guiffrey qui nous l'a signalée.

A Mᵉ Jehan Drouin, chappellain du testateur, 18 escuts.

Aux pauvres qui assisteront à son service, à chacun 12 d.

Aux pauvres de S. Marcel soit distribué par les mains de l'exécuteur 100 livres.

...Et quant au reste de ses funérailles tant pour le luminaire que pour les aultres choses, il s'en rapporte du tout à la volonté et discrétion de honorable femme Magdelaine le Prestre, sa femme, laquelle il eslit exécutrice de ce testament, luy donnant poúvoir d'accompter, augmenter et non diminuer ce présent testament, et veult le testateur que le don mutuel qui a esté passé devant notaire entre luy et sa dicte femme sortisse son plain effet.

Lequel présent testament a esté reçu par nous Mᵉ Denys Perreau, curé de S. Hippolite et lui avons leu et releu de mot à mot et de point à point et a déclaré ledit testateur qu'il avait ce testament pour agréable, en signe de quoy il a signé le dict testament de sa propre main en présence de Mᵉ Jehan Drouin, prestre chappellain dudict testateur, etc...

Voici d'autre part un extrait d'un mémoire du 28 février 1708, présenté à l'official de Paris, pour obtenir réduction des fondations de Saint-Hippolyte (1).

[Plus] le vingt-six mars 1586 la fondation faite par le testament de Philbert Goblin de trois services complets et solennels de chacun vigiles, recommand. 3 messes haultes qui doivent être dits le mercredy de la semaine sainte, le lendemain de la feste Saint Jean Baptiste et le vingt-quatre du mois de Janvier, le tout par chacun an, moyennant la somme de 90 livres une fois payé aux marguilliers, ainsy qu'il paroist par une épitaphe étant posé en lad. église ou il apert que laditte somme a été employée sans s'en expliquer autrement, ne sachant pas même quels sont lesdits fonds (2).

L'épitaphe dont il est parlé dans ce texte est sans doute celle qu'a en vue Dulaure lorsque, dans sa *Nouvelle Description des curiosités de Paris,* il signale à Saint-Hippolyte « à gauche, contre le mur de la nef, une longue épitaphe d'un Gobelin très considéré en son temps ».

Le même auteur a relevé une autre épitaphe en lettres go-

(1) Arch. Nat. Z ¹⁰ 153.

(2) Il semble bien, à voir la concordance qui existe pour le nombre et les dates entre les services indiqués dans ce texte et ceux dont il est

thiqueś d'un Gobelin inhumé à Saint-Hippolyte, qui n'est pas autrement désigné dans les vers qui composent l'inscription (1):

> Ici gist Gobelin, ains son corps seulement,
> Car son esprit heureux est ore au firmament ;
> Bien que la mort l'ait prins en la fleur de son âge,
> Si a-t-il accompli ce que Dieu veut de nous,
> L'aimant de tout son cœur et bienfaisant à tous.
> Peut-on d'un plus long vivre attendre davantage ?

**
**

Revenons au curé Cancien Triboular.

Le 21 octobre 1475, il reçoit le testament de Messire Nicole Nefflier, prêtre, maître es-arts, demeurant rue Saint-Hippolyte, dans une maison tenant d'une part à Guillaume Lefèvre, d'autre part à l'évêque de Thérouanne et par derrière aux héritiers de Robin Prévôt. Il est curieux de noter que ces lettres testamentaires sont « scellées en double queue et cire verte, comme il apparoit, du scel de la cure et église paroissial Monseigneur Saint-Ypolite'aud. Saint-Marcel. (2). » Ainsi la paroisse était assez indépendante du chapitre pour avoir son sceau particulier.

Dans un acte de vente du 20 novembre 1481, nous trouvons mention d'une rente de 4 sols parisis que l'église Saint-Hippolyte a droit de prendre sur un hôtel avec jardin, puits et dépendances, rue des Marmouzets, tenant d'une part au presbytère, de

question dans le testament cité plus haut, qu'il s'agisse ici seulement d'assurer la fondation faite par Jean Gobelin, le 24 janvier 1584. Philbert serait-il le frère ainé survivant dont le nom ne figure pas dans la copie du testament reçu par le curé Denys Perreau ? On connait un Philibert Gobelin, mari de Jeanne Foubert, qui était fils aîné d'un Jean Gobelin et arrière-petit-fils du fondateur de la dynastie. Ce Philibert a le titre de *secrétaire du Roy* le 6 août 1573 et il résigne sa fonction le 31 mars 1584, deux mois seulement après la mort de Jean Gobelin. Or, précisément, le frère du testateur était secrétaire du Roy et il succéda au défunt dans la direction de la teinturerie.

La perpétuité des prénoms de Philibert et de Jean dans la famille des Gobelin rend les identifications très difficiles.

(1) Edition 1775, pp. 328-329.

(2) Arch. Nat. S 1925 B. Acte du 31 juillet 1476 passé par Guillaume Delaporte, laboureur, exécuteur testamentaire de Me Nefflier.

l'autre aux héritiers de Guillaume Lefèvre et aboutissant par derrière aux *Poulies* (1).

Vaincu par l'âge et les infirmités, Cancien Triboular dut un jour résigner sa cure de Saint-Hippolyte. C'était chose faite et depuis peu, au lundi saint de l'année 1488 (n. s.), date à laquelle le chapitre lui accordait de porter les insignes des chapelains de la collégiale Saint-Marcel, comme il les portait avant la résignation de sa cure (2).

Un an plus tard, Cancien Triboular mourait, léguant ses orgues à l'église collégiale, à charge par les marguilliers de faire célébrer un service, composé de trois hautes messes, dix messes basses et un vigile avec les recommandations (3).

Il avait été curé de Saint-Hippolyte pendant plus d'un demi-siècle !

*
* *

En faveur de qui avait résigné Cancien Triboular quand il se démit de ses fonctions en 1488? Les registres capitulaires ne contiennent aucune indication sur ce point.

Il nous faut aller jusqu'au 20 mars 1497 pour trouver le nom d'un nouveau titulaire de la cure de Saint-Hippolyte, Guillaume Bordier. A cette date Jehan Desbe, laboureur, vend en effet à la fabrique une encoignure contenant six toises de long sur trois pieds de large ou environ, contre soixante sols parisis représentant les arrérages de cinq ans d'un cens de douze sols que la fabrique avait droit de prendre sur un demi-arpent de vigne au lieu dit *La Malmaison* (4). Cette allée aboutissait à l'étable du curé Guillaume Bordier, dont le nom est ainsi mentionné dans l'acte de vente.

C'est sous Guillaume Bordier sans doute que furent commencés les travaux de reconstruction et d'agrandissement de l'église. D'après le Mémoire contre Bruté déjà cité (5), une chapelle Notre-Dame aurait été construite en 1497 à Saint-Hippo-

(1) Arch. Nat. S 1925 A.
(2) Arch. Nat. LL 553, f. 36.
(3) *Ibidem*, f. 44.
(4) Arch. Nat. S 3371.
(5) Mémoire contre Bruté, p. 102.

lyte et quelques années après on aurait construit trois autres
chapelles et réparé les murs de l'église.

Une croix de pierre fut aussi élevée alors derrière l'église,
suivant la permission que les marguilliers de Saint-Hippolyte en
reçurent du chapitre de Saint-Marcel le 3 février 1500 (n. s.) (1).

La petite église Saint-Hippolyte était déjà d'autant plus insuffisante que le territoire de la paroisse comprenait alors une
notable partie de ce qui est devenu le faubourg Saint-Jacques.
On dut même dès ce temps autoriser les paroissiens les plus
éloignés à fréquenter une sorte de chapelle de secours consacrée
d'abord sous le vocable de la Sainte-Trinité et vouée ensuite
à Notre-Dame, d'où le nom de Notre-Dame des Champs donné
à cette région. Deux articles d'un compte de 1497 prouvent que
les paroissiens de Saint-Hippolyte faisaient des offrandes et des
oblations dans cette chapelle et que le curé et la fabrique en
avaient le profit.

« Le premier est de 6 livres 8 sols. C'est une recette de ce qui
s'est trouvé dans la boete de Notre-Dame-des-Champs depuis
Pâques jusqu'au jour de Saint-Marcel.

« L'article 2 est de 5 livres rapportées de la même boete le
vendredi béni » (2).

Un siècle, un long siècle encore pendant lequel les habitants ne
cesseront de se multiplier dans cette partie du territoire de
Saint-Hippolyte et un démembrement douloureux, mais nécessaire, sera opéré.

Chapelle de secours, église succursale, paroisse autonome,
voilà les trois étapes à parcourir. Nous sommes encore à la première.

(1) Arch. Nat. LL 553 f. 119.

(2) Mémoire contre Bruté, p. 127.

CHAPITRE IV

UN CURÉ BATISSEUR : EUSTACHE SAVARY

Ses démêlés avec le chapitre. — Il agrandit et reconstruit l'église. — Achat du petit presbytère. — Un précieux obituaire. — Premières confréries. — Nouveaux iconoclastes.

Le successeur de Guillaume Bordier, Eustache Savary, occupe une place d'honneur dans la série des curés de Saint-Hippolyte, tant par la durée de son administration — un demi-siècle comme l'ancien Triboular — que par sa féconde activité.

A vrai dire il semble qu'il ait apporté quelque tergiversation au début à accepter la cure de Saint-Hippolyte, devenue vacante en août 1508 par le décès de Guillaume Bordier. Cette expectative fut cause sans doute que le chapitre présenta un autre candidat, un certain Jean Mallabry, qui obtint ses lettres de collation le 6 septembre et prit possession le lendemain (1). Le chapitre avait profité avec d'autant plus de hâte de l'hésitation d'Eustache Savary qu'il ne l'avait pas choisi librement : dès le 6 mars 1508, Eustache Savary avait en effet présenté aux chanoines des lettres apostoliques leur enjoignant de l'envoyer en possession du premier bénéfice à leur nomination qui viendrait à vaquer (2).

Un long procès s'ensuivit, pendant lequel le chapitre fit admi-

---

(1) Arch. Nat. L 422. Mémoire pour « discrète personne maistre Jehan Maillabry, maistre es ars, escolier estudient en l'Université de Paris », défendeur, « contre Eustace Savary demandeur et complaignant en cas de saisine et de nouvelleté pour raison de la possession et jouissance de l'œuvre et église paroissiale de Saint Ypolite en la ville Sainct Marcel lez Paris, …profits, revenues et esmolumens à icelle appartenans. »

(2) Arch. Nat. LL 553, f. 175.

nistrer pour son compte au temporel la cure de Saint-Hippolyte
par Nicolas Regnault (1). Enfin, après trois ans, Eustache Savary
obtint la reconnaissance définitive de son droit et c'est seulement le 6 octobre 1511 que nous le voyons acquitter au chapitre
son don de bonne arrivée, une taxe de deux écus (2).

Les rapports d'Eustache Savary et du chapitre devaient
encore être troublés dans la suite. Nous trouvons en effet dans
l'Inventaire des archives de Saint-Marcel (3), l'indication de
procédures relatives à un autre procès qui les mit aux prises
pendant quinze ans, de 1525 à 1540. Eustache Savary, ayant été
privé par le chapitre de certaines distributions, avait fait appel
et obtenu gain de cause devant l'officialité de Paris (4). Le chapitre porta la contestation devant l'archevêque de Sens, métropo-
litain de l'évêché de Paris, qui donna pleins pouvoirs à Mes Bra-
chet et Verius, conseillers au Parlement. Par leur sentence rendue
le 5 juin 1540, ils maintinrent le chapitre dans ses droits, en ce
qui concerne la distribution des méréaux et la punition des
chapelains qui négligeraient l'assistance aux offices de la collégiale. Eustache Savary fut condamné aux dépens.

Les curés de Saint-Hippolyte profitèrent si bien de la leçon
que nous n'aurons plus pendant près d'un siècle à enregistrer
de semblables démêlés.

*
* *

La reconstruction de l'église, commencée sous Guillaume Bordier, fut le grand œuvre d'Eustache Savary. Deux textes nous
apportent à ce sujet d'intéressants détails.

C'est d'abord une délibération du chapitre de Saint-Marcel
en date du 29 juillet 1521. Les chanoines ayant égard à la supplique qui leur a été présentée par le curé et les marguilliers de
Saint-Hippolyte et considérant que cette église est leur fille et
dépend de leur propre collégiale, autorisent lesdits curé et marguilliers à agrandir leur église par derrière et leur font donation

(1) Arch. Nat. LL 554, f. 8.

(2) Arch. Nat. LL 554, f. 24.

(3) Arch. Nat. LL 582, p. 43.

(4) Arch. Nat. S 1931.

à cet effet d'un terrain de six toises et demie de long sur deux toises de large (1).

Le second texte a été relevé par M. Coyecque dans les registres de Catherin Fardeau, notaire. C'est un marché conclu le 5 mars 1544 entre Pierre La Grippe, voyer de Notre-Dame de Paris et tailleur de pierre rue « Quiquetonne », et la fabrique de l'église Saint-Hippolyte à Saint-Marcel, représentée par Jean Gobelin, teinturier, Jacques Macé, Jean Nicolas et Thomas Cordier, pour *« faire de sondict métier de maçon et peine d'ouvriers et aydes tant seullement, toute la maçonnerie qui reste à parachever du comble, allées et chapelles qui sont encommancez de neuf tant seullement en lad. église... et fournir par chascune sepmaine six (un blanc) sans les aydes qu'il conviendra pour ce faire, et commancer à ce faire dedans quinze jours... au pris de soixante solz tournois chascune toise desd. ouvraiges, faictz et parfaitzs, taillez et assis, tezée aux us et coustumes de Paris, de peine d'ouvriers et aydes seullement, tant pour la taille que pour la maçonnerie, que lesd. marguilliers luy seront tenuz payer par chascune sepmaine dix livres tournois,... à commancer... le samedi paravant le dymanche de la my caresme... et pour ce faire seront tenuz lesd. marguilliers le fournir de toutes matières, estophes, escharfaulx et autres matières qu'il conviendra pour ce faire et lesquelz ouvraiges ledict La Grippe promect... de faire... suyvant le plan d'icelle besongne qui ja est encommancé sans qu'il soit aucune chose toizé de ce qui ja est faict... (2). »*

(1) Arch. Nat. LL 554.

(2) *Recueil d'actes notariés relatifs à l'histoire de Paris et de ses environs au XVI° siècle*, publié par M. Coyecque, N° 2889. On trouve dans le même recueil l'indication de cinq autres pièces qui intéressent notre paroisse :

N° 1579. — Testament du 30 juillet 1540, de Benoît Noël, teinturier : lieu de sépulture, l'église St-Hippolyte.

N° 2200. — Délivrance à la fabrique de St-Hippolyte, représentée par Jacques Gobelin, teinturier, Jean More, parcheminier, Jean Tirouin, tavernier, et Didier Charles, maçon, d'une rente de 8 s. p. constituée par testament du 12 août 1540 de Guillaume Barbier, carrier, sur une maison grande rue St-Marcel, à l'image *de Saint Jean-Baptiste*, à charge d'une messe basse le jour de Saint-Fiacre, anniversaire de la mort dudit testateur.

N° 2836. — Reçu par la fabrique de St-Hippolyte, représentée par Jacques Gobelin, teinturier en écarlate, Jean Nicolas et Jacques Macé, de 6 l. 1 s. 10 d. t. dont une partie est affectée au rachat d'une rente de 6 s. p. léguée

Les travaux se poursuivaient encore et le chœur était inachevé à la mort d'Eustache Savary, car voici ce que nous lisons dans un codicille de son testament en date du 21 novembre 1560.

Et pour ce que de présen. ladite église Sainct Ypolitte a grand besoing de réparations, mesmement de faire parachever le cœur d'icelle, accorde ledict Savaris que par les mains de susdictz exécuteurs ou l'un d'eux soyt employé de la dite somme [600 livres tournois], audict cœur d'église et pour le parachevement d'iceluy, jusques à la somme de trois cens livres tournois, si bon semble aulx marguilliers et paroissiens de la dite paroisse... (1).

La sollicitude d' Eustache Savary ne se bornait pas à la reconstruction de l'église. L'achat du petit presbytère eut lieu sous son administration. C'était une maison contenant deux corps d'hôtel, cour au milieu, jardin derrière, située rue Saint-Hippolyte au chevet de l'église. L' acquisition en fut faite le 3 octobre 1520 par Jean Canaye, Guillaume Lescuyer et Pierre Normant, marguilliers, de Guillaume Courcelat, natif de Saint-Marcel, « valet de chambre de la comtesse de Sanneterre en Espagne, fils de Nicolas Courcelat, en son vivant foulon de draps, demeurant audit Saint-Marcel » (2). Le petit presbytère était affecté au clergé de la paroisse, le grand presbytère étant spécialement réservé au curé.

à la dite église par Colette Cadou sur une maison sise rue de Copeaux, près la porte Bordelles. (12 Janvier 1544).

N° 3190. — Titre nouvel au profit de la fabrique de St-Hippolyte pour une rente de 8 s. p. grevant une maison avec cour et jardin, grande rue St-Marcel, à l'enseigne de la *Corne de Cerf*, contiguë d'un côté à la veuve de Jean Gobelin et aboutissant à la Reine Blanche, (24 avril 1544).

N° 3225. — Titre nouvel relatif à une rente de 4 l. t. à laquelle la fabrique de St-Hippolyte a droit, par transport de François Gobelin, teinturier, sur une maison sise rue de Lourcines. (2 juillet 1544).

Les Marguilliers de Saint-Hippolyte avaient aussi droit à diverses rentes sur plusieurs maisons situées devant la porte de l'abbaye des Cordelières. Ils furent obligés d'en recevoir le rachat, par sentence du 20 décembre 1544 du prévôt de Paris. (Arch. Nat. S 4675).

Nous nous abstiendrons généralement désormais de noter les textes qui signalent des rentes dues à la fabrique de Saint-Hippolyte sur des immeubles du quartier. Il nous a paru toutefois utile de les indiquer jusqu'ici, à raison de leur ancienneté et de leur petit nombre.

(1) Arch. Nat. S 3371.

(2) Arch. Nat. S 3371.

C'est aussi Eustache Savary qui fit dresser l'obituaire de Saint-Hippolyte, conservé au Département des Manuscrits de la Bibliothèque Nationale sous le numéro 11754 du Fonds Français (1)

En voici le titre complet : « *Ce présent livre a esté faict des deniers et du vivant de Me Eustache Savari curé de l'église monsieur Sainct-Hippolyte et scaint Marcel lez Paris pour estre baillé et mis entre les mains des curés qui seront après luy, affin qu'ils soient instruictz tant des fondations qu'il y a faictes à ladicte église que aussi des biens immeubles, deniers et meubles, qu'ilz a donnés et assignez à la fabrique de ladicte église, pour satisfaire aux curez et prebstres qui feront lesdictz services et fondations.* »

Les feuillets 65 à 72 nous donnent l'ordre du service divin « qui ce faict au long de l'an, en l'église parrochial Monsieur Saint-Ypolite ». Cette addition est particulièrement intéressante par son objet même et aussi par les indications de confréries que nous pouvons y relever :

Confrérie et autel de *Saint-Vincent*, pour les vignerons.

Confrérie de *Saint-Paul*.

Confrérie de *Saint-Michel*, pour les tondeurs.

Confrérie de *Saint-Maurice*, pour les teinturiers.

Confrérie de dévotion de *Notre-Dame*. (Fête patronale : la Nativité de Marie, le 8 septembre.)

Le 13 mars était alors le jour de la Dédicace de l'église Saint-Hippolyte (2).

---

(1) Parchemin, 85 feuillets. Le texte de l'obituaire a été publié en résumé par Aug. Molinier dans les *Obituaires de la province de Sens* (p. 855).

Nous avons déjà fait observer que cet obituaire a été tenu à jour pendant quelque temps par les successeurs d'Eustache Savary.

Les fondations qui y sont mentionnées intéressent les familles dont les noms suivent et fixent ainsi le souvenir des plus anciens bienfaiteurs ou paroissiens notables de St-Hippolyte :

Aubert, Ballichou, Barbier, Basin, Belletière, Berthoys, Boisseau, Bonnet, Boutilier, Bouhourt, Canaye, Chevalier, Cocqueterre, Collet, Dauvergne, David, Debeaune, Delanoe, Delaporte, De la Royne, De la Savignie, Dubuz, Frère, Fuchière, Gardenlorge, Gobelin, Grospermy, Hersant, Huet, Le Painctre, Lescuyer, Lesueur, de Loingtieng, Louvet, Marchant, Mariette, Mascon, Maucousteaux, Milles, Mouligniau, Nefflier, Niquet, Oudin, Paulmier, Picart, Pommelle, Toubeau, Touppet, Triboular, Valençon, Vigner, Vincent.

(2) Plus tard, ce fut le 27 avril et la solennité se célébrait le dimanche libre le plus rapproché de cette date. (*Almanach spirituel de* 1771, ɪᵛᵉ dimanche après Pâques.)

*
* *

Les dernières années d'Eustache Savary furent attristées par
l'apparition de la Réforme Protestante dans la ville de Saint-
Marcel. Il ne vécut pas assez pour être témoin des scènes de

L'ÉGLISE SAINT-HIPPOLYTE RÉÉDIFIÉE AU XVIe SIÈCLE

(D'après un dessin provenaut de l'ancienne collection VIVENEL.)

carnage qui ensanglantèrent la maison du Patriarche et l'église
Saint-Médard dans la journée du 27 décembre 1561. Mais dès
1560 les calvinistes s'étaient enhardis jusqu'à briser une image
de Notre-Seigneur qui se trouvait au-dessus de la porte de la
Maladrerie Saint-Valère, rue de Lourcine. Une procession de
réparation fut ordonnée par l'évêque de Paris, Eustache du
Bellay et le clergé de Saint-Hippolyte y assista avec le clergé
de Saint-Médard. L'image brisée fut d'ailleurs remplacée aussitôt,

par les soins de Jean Marcau, chantre et chanoine de Notre-Dame (1).

Cependant, averti par l'âge et la maladie, Eustache Savary avait résigné sa cure en faveur d'un de ses parents, Jean Savary, que nous en voyons titulaire dès le 21 octobre 1560 (2). Il mourut quelques semaines plus tard — le 25 novembre sans doute — et fut inhumé dans l'église paroissiale.

Son testament avait été reçu le 3 octobre 1560 par Fardeau et Cartault, notaires à Paris, et complété par un codicille en date du 21 novembre. Délivrance en fut faite le 25 décembre par les exécuteurs testamentaires, Jean Gobelin, Jean Canaye et François Gobelin, suivant acte passé devant Me Périer (3).

Eustache Savary léguait à la fabrique une maison sise rue de la Licorne, en la Cité, à l'enseigne de l'*image Notre-Dame* (4).

Il faisait donation à l'église « d'un calice garny de sa platine, deux buyrettes et une boiste servant à mettre le pain à chanter, le tout d'argent doré pesant lesdits calice et platine 6 mars une once, les deux buyrettes, trois marcs et ladite boiste, le couvercle de laquelle sert de paix, 1 marc 2 onces — et ung corporalier couvert d'or, etc... »

Il léguait enfin à Jean Savary et aux curés ses successeurs trois arpents de vignes en la censive de Saint-Marcel, un au lieu dit les *Hautes Cerisaies* et les deux autres au lieu appelé *Bras de fer.*

---

(1) Piganiol de la Force : *Description historique de la Ville de Paris et de ses environs* (1765), tome V, p. 230.

(2) Arch. Nat. LL 558, fol. 177 et 180.

(3) Arch. Nat. S 3371.

(4) Cette maison avait fait l'objet d'une première donation le 4 janvier 1542. Nous lisons en effet au registre des Insinuations du Châtelet (Arch. Nat. Y 87, fol. 323 v°) que Eustache Savaris, curé de Saint-Hipppolyte à Saint-Marcel-lez-Paris, fait donation à Perrette Fourquette, veuve de Valentin Santerre, d'une maison à Paris en la Cité, rue de la Licorne derrière l'église de la Madeleine, à l'enseigne de l'*Image de Notre-Dame* « aboutissant par derrière à l'ostel où pend pour enseigne *la Ratière,* ladite donation faite par ledit Savaris pour accomplir les dernières volontés de sa mère en récompense des bons et agréables services à elle rendus pendant sa vieillesse par Perrette Fourquette. »

CHAPITRE V

DE JEAN SAVARY A SIMON BIGOT

Jean Savary, prêtre d'Amiens (1) et docteur en théologie de la maison de Navarre (2), avait succédé le 24 décembre 1558 à Nicolas Regnault comme chanoine de Saint-Marcel. Ce même Nicolas Regnault résigna en sa faveur la dignité de doyen de Saint-Marcel qui lui avait été conférée par le cardinal Trivulce, légat *a latere* en France. Mais ce droit fut contesté et l'élu du chapitre, François Le Court, obtint gain de cause en 1563.

Jean Savary est désigné dans un inventaire du temps comme administrateur de l'Hôtel-Dieu-Saint-Marcel et il fait en cette qualité, le 1er septembre 1560, un bail à loyer, moyennant 14 livres tournois par an, d'un ouvroir, une étable et deux greniers sis grand'rue Saint-Marcel (3).

Le même Jean Savary, avant de succéder à Eustache Savary en qualité de curé de Saint-Hippolyte, était titulaire de la cure de Saint-Clair de Souppes au diocèse de Sens (4).

Le premier objet de la sollicitude du nouveau curé fut l'achè-

(1) Arch. Nat. LL 559, fol. 13.
(2) Lemaire, *Paris ancien et moderne*, I, p. 575.
(3) Arch. Nat. LL 582, fol. 127.
(4) Arch. Nat. LL 558, fol. 177.

vement des travaux en cours. C'est alors que furent posés « les quatre vitreaux du bas côté droit de l'église Paroissiale de Saint-Hippolyte à Paris, près l'hôtel royal des Gobelins, que Le Brun et Mignard ne pouvaient se lasser d'admirer pour la correction du dessein (*sic*) et la beauté du coloris, toutes les fois que leur inspection sur les manufactures royales qui y sont établies, les y appelait. Ces quatre vitreaux, qui portent le chronogramme 1561, contiennent aussi dans les frises dont ils sont ornés, ces lettres initiales I. H. L. M, M. Y. I. H, A. T. H. S. I. V, et d'autres qui sont mutilées (1) ». Nous ignorons absolument quel était le sujet de ces précieux vitraux et ce qu'il en est advenu après la vente de l'église en 1793.

Un legs de 33 livres 6 sols 8 deniers tournois de rente fut fait le 27 octobre 1561 par Jehanne Petit, veuve de Guillaume Girou pour « subvenir aux réparations, édiffices et entretenemens » de l'église Saint-Hippolyte. Et il n'est pas douteux que les paroissiens fortunés n'aient alors fréquemment imité cet exemple (2).

Cependant, l'église Saint-Hippolyte restait insuffisante pour la population toujours croissante du vaste territoire sur lequel s'étendait la paroisse. C'est surtout autour du prieuré Notre-Dame des Champs et de l'Hôpital Saint-Jacques du Haut-Pas que l'agglomération était devenue considérable. Les

---

(1) *L'art de la peinture sur verre et de la vitrerie*, par feu M. Le Vieil, 1774, p. 33. — On sait que les anciens artistes (exception faite de Dürer) ne signaient pas leurs œuvres de leur nom, mais se contentaient d'y apposer certains caractères ou le chronogramme de l'année dans laquelle ces œuvres avaient été composées.

Lenoir place à tort à Saint-Médard les vitraux, objet de l'admiration de Lebrun et de Mignard (*Musée des monuments français*, nouvelle édition, 1810, p. 254). Son erreur vient peut-être de ce que l'église Saint-Hippolyte était désaffectée à l'époque où il écrivait et que la manufacture des Gobelins était alors comprise dans le territoire de la paroisse Saint-Médard.

Au témoignage si net de Le Vieil, nous pouvons ajouter celui de Germain Brice (*Description de la ville de Paris*, 1725, tome II, p. 407) qui, à l'article de Saint-Hippolyte, écrit ces lignes : « Dans une chapelle de cette église, il y a des vitres peintes d'une rare beauté, qui faisaient l'admiration de Lebrun et de Mignard, très capables d'en juger. Ils disaient n'avoir jamais rien vu de plus parfait et de plus correct en ce genre. »

(2) Arch. Nat. L 655.

habitants du faubourg Saint-Jacques multiplièrent leurs requêtes aux évêques de Paris et obtinrent en 1566 l'érection de la chapelle de la commanderie de Saint-Jacques du Haut-Pas en église succursale des trois paroisses Saint-Hippolyte, Saint-Benoît et Saint-Médard, sous le vocable des saints Philippe et Jacques.

Les conditions de cette érection sont ainsi réglées par ordonnance du 21 février 1566 de l'official de Paris :

... Avons condamné et condamnons lesdits manans et habitans à aller et fréquenter leurs églises matrices le saint jour de Pasques et autres principales et majeures festivitez de l'an et encore ez festes des patrons et dédicaces des dites églises, comme vrais paroissiens d'icelles églises (tout empêchement cessant), à contribuer aux réparations d'icelles églises et pour cette contribution à bailler et conférer par chacun an à la fabrique de Saint-Benoît le Bien-tourné quatre livres parisis, à la fabrique de Saint-Hyppolyte semblablement quatre livres parisis et à la fabrique de Saint-Médard 8 sols parisis.

De plus, les curés des trois paroisses matrices doivent élire dans la quinzaine un chapelain, qui résidera ordinairement à Saint-Jacques et, les dimanches et jours fériés, dira une messe *basse* et les vêpres à la succursale. Les habitants peuvent d'ailleurs entretenir à leurs frais d'autres prêtres pour les offices chantés.

Enfin, les oblations doivent être remises aux curés de Saint-Benoît, Saint-Hippolyte ou Saint-Médard, suivant leur origine (1).

L'ordonnance épiscopale fut confirmée le 15 janvier 1567, par le roi Charles IX, et les habitants du faubourg furent autorisés à se servir du cimetière et de l'église de la commanderie (2).

Comme toutes les demi-mesures, celle-là ne satisfit personne. Ce n'est pas une église succursale, c'est une paroisse autonome que réclamaient les signataires des requêtes. Malgré la résistance des curés des paroisses matrices, cette solution prévaudra avant un demi-siècle.

(1) Cité par Dom Félibien, *Histoire de la ville de Paris*, III, p. 692.

(2) Abbé Grente, *Une paroisse de Paris sous l'ancien régime*, p. 16.

Nous ignorons à quelle date précise Jean Savary cessa ses fonctions de curé de Saint-Hippolyte.

Il paraîtrait que la cure fut quelque temps vacante en 1566, car des Jacobins envoyés par l'évêque la desservirent aux frais de la fabrique pendant le Carême et la quinzaine de Pâques (1). Jean Savary est encore mentionné toutefois dans les registres capitulaires de Saint-Marcel avec son titre de vicaire perpétuel de Saint-Hippolyte au 16 août 1567 (2).

Il résigna bientôt son canonicat et sa cure en faveur de Jacques Naudot, prêtre du diocèse d'Autun, licencié en théologie et principal de grammaire du collège de Navarre. Celui-ci comparaît en effet personnellement devant le chapitre le 5 janvier 1568 et déclare qu'il vient d'être pourvu du canonicat et de la prébende de Jean Savary, par suite de la résignation faite par ce dernier en cour de Rome, comme le témoigne la provision datée du 19 des Kalendes de septembre (3). La résignation de la cure de Saint-Hippolyte est sans doute de la même date, car Jacques Naudot figure avec le titre de curé à la réunion capitulaire du 3 février 1568 (4).

Jacques Naudot, ordonné prêtre le 1er avril 1552, était alors chapelain de l'église de Saint-Nicolas, près Saulieu, diocèse d'Autun (5). Nous avons vu qu'il devint ensuite principal de grammaire du collège de Navarre, chanoine de Saint-Marcel et curé de Saint-Hippolyte. Il devait joindre bientôt à tous ces titres une dignité plus haute, celle de doyen du chapitre de Saint-Marcel, à laquelle il fut élevé le 17 août 1570 dans l'élection qui suivit la démission de Gabriel Le Déan.

Le nouveau doyen était homme, paraît-il, à cumuler bien des charges, car non seulement il conserva sa cure, mais il resta encore principal de Navarre, sauf à être dispensé de la résidence au collège.

(1) Bibl. Mazarine, A 16558, pièce 20, p. 24.
(2) Arch. Nat. LL 561.
(3) Ibidem.
(4) Ibidem.
(5) Arch. Nat. LL 561, fol. 57-59.

De son administration à Saint-Hippolyte, la seule particularité que nous connaissions est la suivante. C'était le temps des guerres de religion et le clergé de Paris s'imposa en octobre 1568 une contribution pour soutenir le roi dans « ses urgentes affaires contre les adversaires de l'église ». Dans les comptes fournis à ce sujet, le curé de Saint-Hippolyte figure pour 10 livres tournois parisis et la fabrique pour une somme double (1).

Jacques Naudot échangea, au début de l'année 1574, sa dignité de doyen de Saint-Marcel contre celle de doyen de la collégiale Saint-Symphorien de Reims dont le titulaire était Nicolas Moyen. Mais le chapitre de Saint-Marcel exigea que Nicolas Moyen fût élu avant de prendre possession et l'élection eut lieu en effet le 8 février 1574.

Jacques Naudot cessa au même temps ses fonctions de curé de Saint-Hippolyte et il eut pour successeur Nicolas Déaire qui résigna dès le 22 février en faveur de Denis Perreau. On se souvient que Nicolas Le Crespe, en 1422, n'avait été pareillement titulaire de la cure de Saint-Hippolyte que pendant quelques jours. Il n'est pas rare dans l'histoire des paroisses à cette époque qu'un prêtre nouvellement pourvu d'un bénéfice l'échange aussitôt contre un autre plus à sa convenance.

*
* *

Denis Perreau, prêtre du diocèse de Sens, docteur en théologie, avait été reçu en décembre 1570 chapelain de l'autel de Saint-Jean l'Evangéliste à Saint-Marcel (2).

A la date où nous sommes rendus, il était titulaire de la cure de Saint-Martin d'Ecquevilly et de sa succursale de Cannillonné qu'il échangea avec Nicolas Déaire, entre les mains de l'évêque de Paris, contre la cure de Saint-Hippolyte (3).

Le nouveau curé vit s'accentuer encore les tendances séparatistes des habitants du faubourg Saint-Jacques.

Le premier chapelain de Saint-Jacques du Haut-Pas que

(1) Arch. Nat. L 414, n° 53.

(2) Arch. Nat. LL 561, fol. 270 et 279.

(3) Arch. Nat. LL 562, fol. 120.

nous connaissions, dom Jean Marquet, avait été désigné en 1573 par le trésorier de la Sainte Chapelle, en vertu de ses droits prétendus sur le territoire des Francs-Mureaux. Les curés des paroisses matrices firent opposition à cette nomination, comme contraire à l'ordonnance d'érection de la succursale; mais ils furent déboutés par arrêt du Parlement du 19 novembre 1575.

D'autre part, des difficultés étant survenues entre les habitants et les bénédictins de Saint-Magloire qui avaient remplacé en 1572 les Frères Hospitaliers à l'hôpital Saint-Jacques du Haut-Pas, les paroissiens songèrent à faire bâtir une église distincte de celle des moines et l'évêque de Paris offrit une contribution de 1.200 livres pour sa construction.

Un arrêt du Parlement du 1er septembre 1582 réserva en retour à l'évêque le droit exclusif de nommer le chapelain. Les curés avaient prétendu nommer en 1581 Noël Périgne; mais Mgr de Gondi désigna en 1582 Jean Baslin, religieux maglorien, pour remplacer dom Marquet. Ce fut le signal d'une vive opposition qui dura dix ans.

D'une information faite par le promoteur de l'évêché de Paris, il résulte que les griefs des habitants du faubourg Saint-Jacques étaient absolument fondés (1).

Nous résumons ce qui a trait à notre paroisse dans le procès-verbal d'enquête.

De Saint-Jacques on va à Saint-Hippolyte en prenant la rue du Paradis et des Marionnettes, puis la rue du Puis-de-Ville entre l'Hôtel de Bourbon où se tient le couvent des Filles du Val-de-Grâce et le couvent des Capucins. Or ce sont des ruelles très marécageuses et nullement pavées.

On entre alors dans une campagne ensemencée de pois et de blé où les chemins sont très mauvais. Et à l'époque des moissons, toutes sortes de garnements et de tire-laine s'y dissimulent et attaquent les passants.

Si l'on a le temps de contourner ces champs, on prend la rue de Bourgogne, assez fâcheuse et difficile. On tombe alors dans la rue de Lourcine, puis on arrive à la ruelle non pavée qui conduit à Saint-Hippolyte. Or il faut passer la Bièvre et il n'y a pas de pont en pierre, mais seulement une passerelle en bois. Il y a même dan-

(1) Arch. Nat. S* 3396 A, liasse 4,

ger pour les enfants et de fait on nous a rapporté que, depuis peu de temps, un mouton avait fait tomber un enfant sous la planche en passant par dessus (1).

... Si l'on veut retourner en passant par devant le couvent des Cordelières, la route est plus longue et cependant c'est la plus usitée, car c'est la moins mauvaise. On sort par la fausse porte des faubourgs, puis on entre à travers champs (carrières propices à cacher les malfaiteurs) et on s'en revient par derrière le clos des Capucins...

C'est en 1584, le 10 mai, que la nouvelle église succursale fut consacrée avec le maître-autel par l'évêque de Césarée, Christophe de Cheffontaines. Elle n'était d'ailleurs pas achevée et devait avant peu d'années se trouver trop exiguë pour le nombre toujours croissant des habitants du faubourg Saint-Jacques.

Denys Perreau mourut le 2 septembre 1584. Par son testament daté du 15 juin même année, il léguait à la fabrique, à charge d'un obit, une rente de 2 livres 10 sols, sur une maison rue du Pot-de-Fer à l'enseigne de *Sainte-Catherine*. Il léguait aussi 20 sols tournois une fois payés à la confrérie et chapelle de Saint-Roch et la même somme une fois payée à la confrérie des Trépassés (2).

Le chapitre décida, le 3 septembre, d'assister au convoi et à l'inhumation et stipula que, conformément à son droit de curé primitif, le doyen ferait la levée de corps (3).

Nous avons tout lieu de croire que Denys Perreau fut inhumé dans l'église Saint-Hippolyte devant le maître autel, comme il en avait exprimé le désir dans son testament.

*
* *

Dès le lendemain de la mort de Denis Perreau, Gabriel Le

(1) La Bièvre commettait à cette époque de bien autres méfaits. C'est le 8 avril 1579 qu'avait eu lieu le terrible débordement, appelé déluge de Saint-Marcel, dont les dégâts furent évalués à 100.000 écus et qui aurait fait 25 morts et une quarantaine de blessés. Il y a lieu toutefois de rabattre un peu, ce semble, de ce chiffre.

(2) Arch. Nat. S 3371.

(3) Arch. Nat. LL 563.

Déan, du diocèse de Paris, demanda au chapitre de Saint-Marcel à être nommé à la cure de Saint-Hippolyte (1).

Le chapitre n'avait rien à refuser à son ancien doyen. Gabriel Le Déan, en effet, avait été élu en 1566 doyen de Saint-Marcel à la place de François Le Court, qui avait résigné en sa faveur sa prébende et son canonicat (2). Il n'était encore que clerc lorsque le 14 juillet 1566, il se présenta au chapitre pour être mis en possession de cette prébende et de ce canonicat et lui soumit ses lettres de collation signées d'un vicaire général de Guillaume Viole, évêque de Paris, datées de la veille, et ses lettres de tonsure du 25 février 1536 (3). L'épitaphe dont nous donnerons plus loin le texte, nous laisse entendre que dans la longue période qui s'écoula depuis sa tonsure (1536) jusqu'à son entrée au chapitre de Saint-Marcel (1566), Gabriel Le Déan avait exercé des charges publiques considérables qui ne sont pas autrement désignées.

Comme nous l'avons dit précédemment, Le Déan avait donné sa démission de doyen de Saint-Marcel en 1570, et c'est Jacques Naudot qui lui avait succédé.

Le nouveau curé — un vieillard — dut connaître de vives émotions, lorsque le 17 juillet 1590 les troupes du sieur de Châtillon qui logeaient à Gentilly envahirent l'église des Cordelières, profanèrent et pillèrent le Couvent. Le lendemain, les mêmes compagnies revinrent aux Cordelières et chassèrent les religieuses qui n'avaient pas déjà pris la fuite. Qui sait si Saint-Hippolyte n'eut pas à souffrir de leurs déprédations, car ces compagnies logèrent le soir de ce jour à l'abbaye et se barricadèrent aux environs d'icelle et de Saint-Médard, après » avoir achevé de ravager et piller ce qui estait aux dictes » églises » (4)?

Cependant, l'affaire de Saint-Jacques ne se solutionnait pas. Les curés, persistant à ne pas reconnaître Jean Baslin, nommaient successivement divers prêtres : Sébastien Froissart en

(1) Arch. Nat. LL 563.

(2) *Gallia christiana*, VII, col. 305.

(3) Arch. Nat. S 1947¹. L'acte de réception sur parchemin sert de couverture à un registre censier .

(4) *Relation anonyme sur le siège de Paris sous Henri IV* (Mémoires de la Société de l'Histoire de Paris, t. VII, p. 220-223).

1585, Nicolas Sauvageot à la fin de l'année suivante, et d'autres
encore dont les noms n'ont pas été retenus. La lutte se calma
toutefois pour un temps en 1592, les curés ayant enfin, par contrat du 7 novembre, agréé Jean Baslin comme vicaire à vie de
Saint-Jacques : moyennant une indemnité de dix écus par an,
il était stipulé que les habitants du faubourg « iraient, *si bon
leur semblait,* en leurs dites églises matrices aux 4 fêtes annuelles
et autres solennelles ».

Le 10 juin 1593, Gabriel Le Déan mourait rue des Amandiers. Il avait demandé à être inhumé dans l'église collégiale de
Saint-Marcel. En conséquence, le chapitre décida ce même
jour « que la fosse serait faite à costé du cœur de ladite église
devant la chapelle Notre-Dame des Ardans » et que « le Sr Bigot comme le plus antien des chanoines ferait l'office et lève-
rait le corps » (1).
Voici l'acte de décès, tel qu'il figure aux registres capitulaires (2).
« Aujourd'huy, dix^me de juin mil Vc IIIIxx XIII est allé de
vye à trespas Me Gabriel Le Déan, chanoine de lad. église
Saint-Marcel et curé de lad. église Saint-Ypolite, en une maison size rue des Amandiers à pris et a esté inhumé dans lad.
église Saint-Marcel devant Notre-Dame des Ardans à costé
du cœur. »
Une épitaphe de pierre, fixée au pilier tenant au chœur dans
la chapelle de la Sainte Vierge de l'église Saint-Marcel, rappelait
le souvenir de Gabriel Le Déan et d'un de ses neveux, Gabriel
Coulon, qui fut son deuxième successeur dans la cure de Saint-
Hippolyte. Le texte en a été conservé par l'abbé Drouin (3) dans
ses papiers relatifs aux églises de Paris.
« Cy-devant gist vénérable et discrette personne, Me Gabriel

(1) Arch. Nat. LL 564, fol. 2.
(2) Ibidem.
(3) Bib. Nat. Mns. F. Fr. 22864, p. 103. La date du 13 juin est celle
des obsèques et non de la mort. — Un autre relevé des épitaphes de
Saint-Marcel, certifié par le chambrier du chapitre le 28 avril 1787, se
trouve aux Archives Nationales, carton Z 1o 224. Ce relevé donne l'emplacement exact des épitaphes. D'après un plan de l'église Saint-Marcel
conservé dans les papiers du séquestre (Arch. Nat. T 638) la chapelle de la Sainte Vierge était au fond du bas-côté, à gauche du
chœur.

Le Déan, ci-devant prestre, Doyen et chanoine de Saint-Marcel, curé et vicaire p̄pétuel de Saint-Hypolite, qui après avoir sagement gouverné des plus grands de ce Roye et scrvy au publicq avec intégrité est mort avec honneur dans l'acquit de ses charges, le XIIIe juin CIƆ IƆ IIII^{xx} XIII.

« Maistre Gabriel Coulon, licentié en droit canon, son neveu maternel, aussi prestre chanoine, aussi quelque temps doïen de la mesme église et curé ou vicaire p̄pétuel de Saint-Hipolite pour l'obligation qu'il a de ses études à l'assistance dud. feu Le Déan a fondé à p̄pétuité pour le repos de l'âme de son oncle et de la sienne 4 grandes messes du très auguste Saint Sacrement de l'autel et quatre processions auparavant icelles, qui se célébreront les 1ers jeudys des mois de janvier, avril, juillet et octobre, après chacune desquelles sera dit un Libera sur la tombe dud. feu Le Dean, durant lequel, mesme durant la messe, la procession et le soir précédent chacun desd. jeudys, les S̄rs du chapitre dud. Saint-Marcel seront tenus faire sonner les 2 grosses cloches de leur église et de fournir 2 torches à chacune desd. processions, 4 cierges sur l'autel durant les dittes messes et une livre de bougie, le tout de cire blanche, pour estre porté ardantes, estant les bougies distribués à chacun des chanoines et au vicaire p̄pétuel de Saint-Hipolite assistant à la procession. C̄oe aussy a fondé en la mesme église un obit solemnelle pour estre dit à p̄pétuité au jour de son décès arrivé en l'année CIƆ CI CXXXVI, le XV^c du mois de janvier. Pour l'accomplissem̄t des d. fondãons et autres charges plus amplem̄t portées par le contract de ce passé entre lesd. S̄rs du chapitre et honorable h̄oe Pierre Masson son exécuteur testamentaire par d^t Saulnier et Crossé, nottaires au Ch̄let de Paris, en datte du XX février CIƆ IƆ CXXXVI, le d. Coulon a donné et légué aud. chapitre cent c̄inq^{te} deux livres quinze sols de rente tournois. Priés D. pour le repos de leurs âmes. »

*
* *

Le successeur de Gabriel Le Déan, que nous voyons déjà en charge le 25 juin [1], fut ce chanoine Bigot qui avait présidé aux obsèques de l'ancien doyen de chapitre.

(1) Arch. Nat. LL 564, fol. 4.

Simon Bigot, prêtre du diocèse de Paris, avait été ordonné le 4 avril 1555. Il était chapelain de Saint-Nicolas à Saint-Marcel avant d'être reçu chanoine de la même collégiale le 7 septembre 1579 (1).

Il n'est pas sans intérêt de noter que la tenue des registres d'actes de baptême à Saint-Hippolyte date au moins de ce temps. Nous en avons la preuve dans une indication que fournissait le titre du premier des registres de baptême de cette paroisse (2), relevé par M. Lacordaire, directeur des Gobelins, au dépôt de l'avenue Victoria avant les criminels incendies de 1871 :

Le livre des baptesmes de l'église parochiale Mr Saint-Hyppolite, commençant en l'année mil VIc quatre, qui est la troisième année que M. Gabriel Coulon, chanoine dudit Saint-Marcel, était curé de ladite église.

« Les autres baptesmes faits pendant les dittes trois années sont au livre carré commencé par feu Simon Bigot pour la résignation duquel a été pourvu ledit Coulon, lequel a signé et approuvé.

Disons de suite que les registres de mariage ont été tenus à Saint-Hippolyte au moins dès 1626. J'al cite en effet un acte de mariage du 27 juillet de cette année (3) et il observe que le registre des mariages antérieurs à l'année 1626 manque aux archives de cette paroisse (4).

Quant aux registres de décès, nous ne constatons pas leur existence avant 1653 (5).

Simon Bigot resta sept ans à la tête de la paroisse Saint-Hippolyte. Homme d'humeur conciliante, il mérita d'être cité en

(1) Arch. Nat. LL 563, fol. 4 à 17.

(2) Cité dans les *Nouvelles Archives de l'Art français*, 1897, p. 10, en note.

(3) *Dictionnaire critique*, p. 878 (27 juillet 1626 — Mariage de Balthazar Moncornet et d'Élisabeth Cabouret.)

(4) Ibidem, p. 258.

(5) C'est à cette date que commençaient, d'après l'*Annuaire historique pour* 1847, les registres de décès de Saint-Hippolyte incendiés en 1871. Aujourd'hui la plus ancienne mention de décès relevée sur ces registres que nous possédions, concerne un tapissier en haute lisse, nommé Morel, inhumé le 6 septembre 1661.

exemple par le chapitre au sieur de Noyon, curé de Saint-Martin
du Cloître, dans une transaction en date du 3 décembre 1596 (1).

Le 20 octobre 1597, il avait obtenu dispense de l'assistance
aux offices et aux réunions du chapitre, à raison de son âge —
il était plus que sexagénaire — et en considération de ses longs
services (2).

Mais c'était trop encore de la direction d'une paroisse pour sa
santé irrémédiablement compromise. Le 15 octobre 1600, il
résigna sa cure en faveur de Gabriel Coulon (3) et ne tarda guère
à mourir.

(1) *Mémoire contre Bruté.*

(2) Arch. Nat. LL 564. fol. 67.

(3) Arch. Nat. LL 564, fol. 128.

CHAPITRE VI

GABRIEL ET CHARLES COULON

———

La confrérie flamande à Saint-Hippolyte et les prédications en langue étrangère dans cette église et dans la chapelle des Gobelins. — Liste des autres confréries. — L'église Saint-Jacques est définitivement érigée en paroisse en 1633. — Contestation entre le chapitre de Saint-Marcel et le curé de Saint-Hippolyte au sujet du droit de présentation à la cure de Saint-Jacques. — Encore les archidiacres de Josas et leurs exigences.

Le nouveau curé, neveu maternel de feu Gabriel Le Déan, était licencié en droit canon et chanoine de Saint-Marcel. Il eut ses lettres de présentation du chapitre le 16 octobre et prit possession le 18 (1).

Sous son administration, une confrérie fut fondée à Saint-Hippolyte pour les ouvriers flamands et allemands du quartier. L'histoire vaut d'en être contée avec quelque détail, car rien ne nous est indifférent de ce qui touche aux origines de la fabrication des tapisseries dans le quartier Saint-Marcel.

On sait que dès 1603 une colonie de tapissiers flamands, sous la direction des sieurs de Comans et de la Planche était établie dans une maison de la famille Gobelin, à peu de distance de la teinturerie.

Des prédications spéciales furent faites pour eux, au moins dès 1608, car les registres capitulaires, à la date du 12 octobre de cette année, mentionnent « qu'il est permis aux sieurs Comans de faire faire la prédication aux Flammants les jours de Saint-Dymanche, depuis huict heures du matin jusques à neuf, en ceste église Sainct-Marcel ».

Mais il fallait une organisation religieuse plus forte pour

(1) Bib. Maz. A 16558, pièce 19, p. 10.

mettre en garde cette colonie étrangère contre la fréquentation des prêches protestants.

C'est alors que « Madame Claire-Eugénie-Elisabeth, infante d'Espagne, archiduchesse d'Autriche, duchesse de Brabant et comtesse de Flandre », concut le projet d'une confrérie dont le Père Anselme dans un curieux opuscule nous raconte ainsi les origines :

Désireuse d'exécuter fidèlement les intentions de l'archiduc Albert son époux, de vivre dans une intelligence paisible, ferme, stable et perpétuelle, avec la couronne de France, [ladite princesse] a ordonné à son ambassadeur, pour lors agent et résident en cette cour, de témoigner au roy la nécessité urgente qu'il y avait pour contenir les nations flamande et allemande dans les devoirs de la sainte et saine religion catholique et orthodoxe..., d'assigner une église dedans ou dehors de sa bonne ville de Paris aux nations Belgiques et Teutoniques, dans laquelle il y aurait un prêtre, soit séculier, soit régulier, dûment autorisé et approuvé par l'ordinaire et suffisamment versé es idiomes étrangers, pour leur administrer les saints sacrements et leur annoncer les vérités de l'Evangile tous les dimanches et fêtes principales de l'année, le tout avec exemple et édification.

Ce que sa Majesté ayant accordé... le sieur ambassadeur a choisi pour cet effet l'église paroissiale de Saint-Hippolyte sise au faubourg Saint-Marceau à Paris et a fait élection d'un excellent sujet pour une affaire de telle importance, comme est le gouvernement des âmes, dans la personne du Révérend Père Angély, prêtre de l'oratoire des Augustins réformez deschaux, prédicateur et confesseur des nations étrangères. Il a commencé sa mission avec un succès merveilleux l'an de grâce 1627. Il a continué avec une ferveur incroyable et il a fini par la mort des justes dans le monastère de son ordre l'an 1634. Messieurs les marguillers ont couronné ses fatigues évangéliques par des funérailles solennelles.

Les premiers marguillers qui se sont volontairement chargés de l'administration de cette société catholique et qui s'en sont acquittés avec toute la loyauté possible étaient en

1626, Nicolas van der Meiren.

1627, Jean van der Burght.

1628, Rudolphe Schnoor.

1629, Antoine Proen de Coninck.

Arthus Gilberto.

1630, Maurice.

Sur la fin de cette année, le seigneur ambassadeur avec les marguillers ayant mis en considération les excessives fatigues que la grande distance qu'il y a du couvent des Augustins causait au prédicateur dans les rigueurs de l'hiver et les chaleurs de l'été, qui conformément à l'état de sa profession marchait à pieds deschaux, le sieur Maurice aurait présenté une requête civile au T. R. P prieur Claustral de l'abbaye royale de Saint-Germain des Prés, le priant de prêter leur église... d'autant que cette église est plus commode qu'aucune autre pour ces divins exercices à cause de la multitude d'étrangers qui habitent le beau quartier Saint-Germain ce que ces bons religieux accordèrent avec plaisir (1).

Toutefois, même après la translation de la confrérie à Saint-Germain-des-Prés, des prédications continuèrent à être données à Saint-Hippolyte pour la colonie étrangère.

Ainsi, en 1634, le P. Nicolas, prêtre de l'Oratoire, prêche en flamand au Carême dans cette paroisse (2).

Plus tard, de l'Avent 1669 au Carême 1678, le P. Antoine de Bolduc, religieux pénitent de Picpus, prêche aussi pour les Flamands à Saint-Hippolyte, à une heure de l'après-midi, les dimanches et fêtes (3).

Dès le carême de 1672, il est même indiqué comme « entretenu par ordre de Sa Majesté. »

A partir de l'Avent de 1678, c'est à la Manufacture des Gobelins et non plus à Saint-Hippolyte qu'ont lieu les conférences et le prédicateur — toujours le P. de Bolduc — parle en flamand

---

(1) Bib. Nat. Lk7 7063 — P. Anselme, *Catalogue chronologique* contenant les noms, surnoms, qualités et actions mémorables des marguillers anciens et modernes de la société catholique des illustres nations flamande, allemande, suisse, italienne, espagnole et autres, précédemment établies dans l'église du glorieux martyr saint Hippolyte au faubourg Saint-Marceau et depuis transférée à Saint-Germain-des-Prés... 2ᵉ édition, 1695.

(2) D'après la liste des prédicateurs du carême de 1634, communiquée par M. Bouvrain, architecte, à Paris.

(3) Bib. Nat. Lk7 6743. Recueil en deux volumes de listes de prédicateurs du carême et de l'avent à Paris. Le premier volume de ce recueil commence à l'avent 1646 et il est complet jusqu'en 1700. Le second volume, qui va de 1701 à 1788, est au contraire assez incomplet.

M. Bouvrain en possédait dans sa collection quinze nouvelles dont voici le détail : carême 1634, 1643, 1644, carême et avent 1645, carême 1759, 1763, avent 1781, 1786, carême et avent 1787, avent 1788, carême et avent 1789, carême 1790.

Le dernier carême prêché à Saint-Hippolyte fut celui de 1790, par le Père Péqueur, cordelier.

et en allemand. Cela dura jusqu'au carême de 1693 inclusivement. Les conférences cessèrent alors, faute d'auditeurs, car parfois dans les derniers temps il n'en venait pas deux à la prédication mensuelle.

En juillet 1693, un chapelain fut institué pour la manufacture royale, aux appointements de 500 livres, en remplacement du prêtre de Saint-Hippolyte qui faisait le catéchisme aux enfants et du prédicateur flamand. La colonie étrangère était définitivement assimilée (1).

Le *Calendrier des Confréries* de Paris, publié en 1621 par J. B. Le Masson, aumônier du roi Louis XIII, énumère les confréries existant alors dans l'église Saint-Hippolyte. Cette liste complète utilement les indications que nous avions extraites de l'obituaire d'Eustache Savary.

Janvier 22. — *Saint-Vincent* : la confrérie des vignerons.
     — 25. — Conversion de *Saint-Paul* : la confrérie de dévotion de Saint-Prix et Saint-Paul.
Février 18. — *Sainte-Julienne* : la confrérie de dévotion.
Mai 16. — *Saint-Honoré.:* celle des boulangers.
Août 15. — Assomption de *Notre-Dame* : (la confrérie) de dévotion.
     — 16. — *Saint-Roch :* (la confrérie) de dévotion.
Septembre 29. — *Saint-Michel*, archange : (la confrérie) de dévotion (2).

*
* *

Cependant de nouvelles contestations n'avaient pas tardé à s'élever entre Jean Baslin, vicaire de Saint-Jacques, et les curés des trois paroisses matrices. Le plus ardent à revendiquer ses droits était assurément Gabriel Coulon : nous le voyons en effet signer avec la qualité de curé les comptes de Saint-Jacques pour 1604 et les deux années suivantes.

Jean Baslin résigna en 1619 en faveur de son neveu, Jean Royer. Celui-ci eut dès l'année suivante pour successeur le sieur Rivière, chanoine de Notre-Dame, qui resta en fonctions

(1) Arch. Nat. O¹ 2040ᴀ.

(2) Réédition de l'abbé Dufour (1875), page 135.

jusqu'en 1630 (1). L'administration de Saint-Jacques passa alors aux mains de Jean Vitalis, qui devait obtenir enfin l'érection de cette église en paroisse proprement dite.

Jean Vitalis eut d'abord la consolation de voir poser le 2 septembre 1630 par J. B. Gaston de France, duc d'Orléans, frère du roi Louis XIII, la première pierre de l'église actuelle de Saint-Jacques.

Trois ans après, la nouvelle église fut érigée en paroisse par arrêt du Parlement du 9 avril 1633. Déjà le 13 janvier de la même année, le grand bureau des pauvres de Paris avait déchargé les habitants du faubourg de l'obligation de rendre le pain à bénir à Saint-Hippolyte, redevance qu'ils s'étaient d'ailleurs toujours refusés à acquitter (2).

Voici, tel que l'a inséré Félibien dans son histoire de Paris, l'arrêt du 9 avril qui devait mettre fin aux longues procédures des curés de Saint-Hippolyte contre les chapelains de Saint-Jacques (3).

Entre les chanoines et chapitre de Saint-Benoist, maistre Nicolas Roguenaut, curé et vicaire perpétuel en ladite église, maistre Gabriel Coulon, curé de Saint-Hippolyte au fauxbourg Saint-Marcel, se disant curé de l'église Saint-Jacques et Saint-Philippe du Haut-Pas, demandeurs et défendeurs, etc...

La Cour... maintient et garde le sieur Vitalis en la possession et jouissance de la vicairie perpétuelle de l'église Saint-Jacques et

---

(1) Arch. Nat. LL 793, *Journal de Cochin*, p. 29-30. Par l'extrait du compte de 1605 à 1606, il paraît que le sieur Coulon se faisait payer les 60 livres que les marguilliers devaient au curé. Dans le compte de 1606 à 1607 (malgré la sentence de 1605), M. Baslin reçoit bien ses honoraires, mais ils sont pareillement payés au sieur Coulon, qui signe aussi *curé*.

(2) Abbé Grente, *ouvrage cité*. Les extraits suivants des comptes de fabrique de Saint-Hippolyte montrent qu'il était souvent nécessaire de recourir au bras séculier pour forcer les récalcitrants :

Compte de 1622. — 6 livres 11 sols de dépense pour les assignations qui avaient été données à des particuliers de Saint-Jacques pour avoir ouvert leur boutique le jour de Saint-Hippolyte.

Compte de 1623. — Mention d'une sentence pour faire rendre le pain béni.

Compte de 1628. — Contrainte contre un particulier du faubourg Saint-Jacques pour lui faire accepter la charge de marguillier de Saint-Hippolyte. (Mémoire contre Bruté, p. 129 et suivantes.)

(3) Dom Félibien, *ouvrage cité*, tom. III, p. 693-94.

Saint-Philippe du Haut-Pas ; permis à luy de s'en dire et qualifier vicaire perpétuel et d'y faire toutes les fonctions curiales ; fait deffense auxdits chanoines et chapitre, vicaire perpétuel de Saint-Benoist et curés desdites paroisses de Saint-Médard et Saint-Hippolyte de le troubler et empêcher en la jouissance et possession d'icelle ; ordonne que vacation advenant ci-après de ladite vicairie perpétuelle de Saint-Jacques et Saint-Philippe du Haut-Pas, il y sera pourvu par l'archevesque de Paris à la présentation desdits chanoines et chapitre de Saint-Benoist premièrement et puis après par le curé de Saint-Hippolyte alternativement, à la manière accoutumée au diocèse de Paris ; condamne lesdits marguillers, manans et habitans de ladite église et paroisse Saint-Jacques et Saint-Philippe du Haut-Pas à payer ci-après, es jours de Saint-Benoist, de Saint-Hippolyte et Saint-Médard, pour les droits que lesdits de Saint-Benoist, de Saint-Hippolyte et de Saint-Médard avaient accoustumé de prendre et percevoir sur les fruits et oblations de ladite cure de Saint-Jacques et Saint-Philippe du Haut-Pas, la somme de six-vingt livres, scavoir auxdits chanoines et vicaire perpétuel de Saint-Benoist soixante livres tournois, dont moitié appartiendra auxdits chanoines et chapitre de Saint-Benoist et l'autre moitié audit vicaire perpétuel d'icelle paroisse Saint-Benoist — et des soixante livres restant desdites six-vingt livres en sera payé cinquante-quatre livres au curé de Saint-Hippolyte et six livres au curé de Saint-Médard et les arrérages desdites six-vingt livres eschus jusqu'au jour du présent arrêt, à la même proportion, lesquels la cour a liquidés à six cens livres, sans que ladite somme de six-vingt livres puisse être augmentée pour quelque cause et occasion que ce soit.

En outre condamne lesdits marguillers, manans et habitans de lad. paroisse Saint-Jacques et Saint-Philippe à payer la somme de cent sols tournois à la fabrique de Saint-Benoist et autres cent sols à la fabrique de Saint-Hippolyte et huit sols à celle de Saint-Médard.

Pourront lesdits chanoines et chapitre et vicaire perpétuel de Saint-Benoist et curé de Saint-Hippolyte, en reconnaissance de supériorité, aller en procession à ladite église Saint-Jacques et Saint-Philippe du Haut-Pas et célébrer la messe paroissiale : scavoir lesdits chanoines et chapitre et vicaire perpétuel de Saint-Benoist le premier may, jour de Saint-Jacques et Saint-Philippe, et ledit curé de Saint-Hippolyte, le vingt-cinq juillet, jour de Saint-Jacques l'apôtre, sans toutefois prendre autre chose que ladite somme de six-vingt livres.

Ordonne que séparation et division sera faite des paroisses de Saint-Benoist, de Saint-Hippolyte et Saint-Médard d'avec celle de

CACHET DE LA CONFRÉRIE DE SAINT-ROCH DE LA PAROISSE SAINT-HIPPOLYTE

Saint-Jacques et Saint-Philippe du Haut-Pas et qu'à cette fin, bornes et limites seront mises entre lesdites parties par devant l'exécuteur du présent arrest, sans dépens entre les parties.

Prononcé le IXe jour d'avril MDCXXXIII.

Signé : GALLARD.

L'arrêt du 9 avril détachait de la paroisse Saint-Hippolyte un territoire dont Gabriel Coulon déclarait que les habitants « faisaient la meilleure partie de ses paroissiens. »

Encore si la paix eût été rendue à la paroisse, agitée depuis longtemps par des procédures sans cesse renaissantes ! Mais les contestations ne cessèrent avec les chapelains de Saint-Jacques que pour se rouvrir avec le chapitre de Saint-Marcel.

Ce fut l'arrêt même du 9 avril 1633 qui en fournit l'occasion.

On a vu que le Parlement dans le texte de cet arrêt qualifiait Gabriel Coulon de *curé* de Saint-Hippolyte, reconnaissait au curé de Saint-Hippolyte le droit de présentation à la cure de Saint-Jacques alternativement avec le chapitre de Saint-Benoît et l'autorisait à faire chaque année au 25 juillet une procession à Saint-Jacques comme marque de sa supériorité.

Le chapitre s'émut de ce qu'il considéra comme une méconnaissance de ses droits de curé-primitif et fit sans doute défense au curé de Saint-Hippolyte d'aller ainsi en procession à Saint-Jacques. Du moins Coulon n'y alla pas en 1633, ni en 1634. En 1635 toutefois, la procession fut faite, car les comptes de 1635 à 1636 mentionnent qu'il fut payé à cette occasion 10 sols au porte-bannière et 35 sols aux gens d'église (1). Nous verrons par la suite comment le chapitre maintint son opposition et obtint gain de cause.

En cette même année 1635, le chapitre était d'ailleurs déjà en procès avec les marguilliers de Saint-Hippolyte « touchant le droit d'indemnité d'une maison sise au faubourg Saint-Jacques, en la censive, justice et voirie des Sieurs de Saint-Marcel, léguée auxdits de Saint-Hippolyte par le sieur de la Queue » (2).

Ce procès durait encore lorsque Gabriel Coulon mourut, le

(1) *Mémoire contre Bruté*, p. 130.
(2) Arch. Nat. S 1938.

15 janvier 1636. Il avait résigné son canonicat de Saint-Marcel
et sa prébende en faveur de Jacques Masson, clerc du diocèse de
Paris, avocat au parlement et son exécuteur testamentaire (1).
Pareillement il avait résigné sa cure en faveur d'un de ses
parents, Charles Coulon, prêtre du diocèse de Paris, bachelier
en droit, qui, le lendemain de sa mort, présenta au chapitre de
Saint-Marcel ses lettres de provision en cour de Rome (2).

Gabriel Coulon fut inhumé à Saint-Hippolyte, le 16 janvier.

Par acte du 29 décembre 1634, il léguait à la fabrique de
l'église deux cents livres tournois de rente qui lui étaient dues
par les religieuses de Port-Royal du faubourg Saint-Jacques, à
la charge de faire dire tous les jours de chaque semaine une
messe ou petit obit, avec le De Profundis à la fin sur sa sépulture (3).

Il léguait pareillement 25 livres de rente annuelle et perpétuelle à la confrérie de la Sainte-Vierge de la paroisse (4).

L'épitaphe placée dans la chapelle de la Sainte-Vierge à Saint-
Marcel — et dont nous avons donné le texte plus haut —
mentionne une autre fondation, garantie par un legs de 152 livres.
Cette somme se décomposait ainsi :

77 livres 15 sols 6 deniers tournois de rente rachetable au
denier 18, sur les religieux du Petit Saint-Antoine de Paris ;

25 livres de rente sur Jacques Chervin, marchand de vin au
faubourg Saint-Jacques, en la maison de la *Fleur de Lys* ;

50 livres de rente sur les Carmes de la place Maubert (5).

Cette fondation était faite aux charges énumérées dans l'épitaphe et aussi à celle de donner 6 livres 5 sols à vingt-cinq pauvres de la paroisse Saint-Hippolyte après la messe de l'anniversaire et 3 livres 5 sols à quinze pauvres de la même paroisse à la
fin de chaque messe du Saint-Sacrement. Ces quinze pauvres
étaient composés de cinq pauvres femmes, de cinq pauvres honteux et de cinq orphelins dont les parents avaient été de la
paroisse Saint-Hippolyte.

N'est-il pas touchant de voir cette sollicitude pour les malheu-

---

(1) Arch. Nat. LL 568, fol. 92.
(2) Arch. Nat. LL 568, fol. 95.
(3) Arch. Nat. S 3371. (Inventaire dressé en 1789).
(4) Ibidem.
(5) Arch. Nat. S 1932. (Etat des fondations à Saint-Marcel.)

reux? Elle est toute naturelle de la part d'un curé qui est par vocation le père des pauvres de sa paroisse. Mais les simples fidèles eux-mêmes s'inspiraient jadis communément de ces exemples et les pauvres avaient toujours leur part dans les dispositions testamentaires des riches d'autrefois.

*
* *

L'histoire des huit années pendant lesquelles Charles Coulon occupa la cure de Saint-Hippolyte (juillet 1636 — juillet 1644) n'est que l'histoire de ses démêlés avec le chapitre de Saint-Marcel.

Une sentence des requêtes du Palais du 22 février 1641 ayant défendu au vicaire perpétuel de Saint-Hippolyte de faire aucune procession à Saint-Jacques autrement qu'avec le chapitre de Saint-Marcel, Charles Coulon présenta le 18 juillet 1642 une requête expresse, à l'effet d'être autorisé à aller en procession à Saint-Jacques et à y dire la messe le 25 juillet.

Un arrêt du 14 août 1642 rejeta sa demande (1). Il en introduisit une nouvelle et cette fois obtint par arrêt du 18 juillet 1643 l'autorisation qu'il sollicitait.

Mais le chapitre forma un pourvoi et un arrêt du 24 juillet 1643, puis un autre du 3 mars 1644, déboutèrent définitivement Charles Coulon (2).

Il mourut le 24 juillet 1644 et fut inhumé le 25.

---

(1) Mémoire contre Bruté, p. 130 et suivantes.

Nous avons relevé dans le catalogue des factums de la Bibliothèque Nationale, sous le n° 8004, un *Factum pour maître Charles Coulon, prêtre, curé de la paroisse de Saint-Hippolyte, appelant de la sentence des requêtes du palais du 22 février 1641.*

La Bibliothèque historique de la France (nouvelle édition, 1778) indique, sous le n° 5917, une pièce relative aux mêmes procédures : *Jugemens et arréts du Parlement touchant les prérogatives et fonctions des curés primitifs, intervenus dans le procès entre le chapitre de Saint-Marcel et le curé ou vicaire perpétuel de Saint-Hippolyte.* Paris, Targa, in-8°.

(2) Cet arrêt maintient le Chapitre de Saint-Marcel « en la possession et jouissance des droits, honneurs et privilèges, qui sont dus aux curés primitifs en et au dedans de la paroisse Saint-Hippolyte, leur a permis et permet d'en prendre la qualité et, suivant icelle, continuer la possession en laquelle ils sont de laver les autels de ladite église le jeudi de la semaine sainte, dire la messe le jour de Saint-Marc qu'ils appellent de jejunio, chanter les suffrages des saints le jour de tous les saints, même

Les registres capitulaires font mention de ses obsèques en ces termes :

« Le dit jour, vingt cinquième juillet, au retour de la procession de Saint-Jacques, Messieurs furent en corps lever le corps de deffunct Me Charles Coulon, vivant prestre vicaire perpétuel de l'église parroiss. de Saint-Hyppolite estant au presbitaire dudict lieu et fut porté avec grand convoy et grande affluence de monde par la rue des Marmouzets, Gobelin, grande rue Saint-Marcel et rue Saint-Hippolyte et la messe du défunt dicte en le cœur de lad. église Saint-Hyppolite par Monsieur Poussemothe, chanoine de l'église de Saint-Marcel, député pour faire ladite levée, convoy, service et inhumation, laquelle fut faite dans le cœur de lad. église au costé droit avec les cérémonies accoustumées en la sépulture des prêtres, à laquelle cérémonie de la levée du corps Me François Balestier, à présent vicaire perpétuel dud. Saint-Hyppolite, prêta devant la porte du presbitaire pour faire la levée dud. corps l'estolle aud. sieur de Poussemothe » (1).

Le dernier trait ne manque pas de piquant, quand on sait qu'en 1638, Charles Coulon avait été maintenu dans le droit de porter l'étole à Saint-Hippolyte devant le chapitre.

Le soin que les chanoines mettent à consigner ainsi dans leurs registres tous les détails de cet enterrement ne doit pas nous surprendre. En présidant les obsèques de Charles Coulon, le chapitre affirmait son droit de faire l'office des funérailles de tous les curés de Saint-Hippolyte et non pas seulement de ceux qui, comme Gabriel Coulon, étaient chanoines de Saint-Marcel. Or nous verrons plus tard que ce droit lui était contesté par les archidiacres de Josas et que le chapitre fut plusieurs fois obligé de s'effacer devant eux.

Les prétentions toujours croissantes des archidiacres n'étaient pas d'ailleurs sans soulever des protestations de la part des héritiers eux-mêmes des curés défunts. La succession de Charles

de visiter ladite église comme supérieurs d'icelle ». Cet arrêt permet toutefois au curé de Saint-Hippolyte de faire des processions particulières et séparées, mais seulement « quand la paroisse ne serait pas mandée par le chapitre ». (*Mémoire contre Bruté*).

(1) Arch. Nat. LL 570, fol. 22.

Coulon dut payer le 14 décembre 1644 à Antoine de Verthamon, archidiacre de Josas, la somme de soixante livres pour son droit de funérailles, dans lequel il faisait entrer « tous les meubles, lit, cheval, bonnet, soutane, ceinture d'or et autres choses appartenant audit défunt sieur curé ». Ces exigences indignent l'auteur du *Traité de la dépouille des Curez* (1683), qui écrit à ce propos : « Il ne se contente pas d'avoir changé le *mulet* de ses prédécesseurs en *cheval* et leur *ceinture d'argent* en *ceinture d'or*; il rafine encore sur leurs droits prétendus, en ajoutant *tous les meubles*, la *soutane* et *autres choses appartenant aux curez*, ce qui peut aller quelquefois à une somme très considérable » (1).

Charles Coulon, comme son prédécesseur, avait disposé de son avoir pour de pieuses fondations. Par acte du 22 juillet 1640, il avait fondé une messe quotidienne, plus un obit complet au jour de son décès, moyennant 260 livres de rente au denier 18 — deux saluts annuels moyennant 8 livres, et enfin un catéchisme tous les dimanches moyennant cinquante autres livres de la même rente? Faut-il faire remarquer la sagesse avec laquelle on ne procédait jadis à une création d'office qu'après s'être assuré d'une ressource correspondante. Avons-nous aujourd'hui plus de zèle pour avoir moins de sagesse pratique et de prévoyance?

(1) *Traité de la dépouille des Curez*, par un docteur en droit (Tiers), p. 69-70.

(2) Arch. Nat. S 3371.

CHAPITRE VII

JEAN BLONDEL

—

Il fait reconnaître ses droits à la cure de Saint-Hippolyte. — Une statue d'argent, dont Lebrun avait fourni le modèle. — Rapports du célèbre peintre et de la paroisse. — On fixe enfin les limites respectives de Saint-Hippolyte et de Saint-Jacques. — Érection de la croix de la sainte Hostie. — Deux communautés de femmes s'établissent sur la paroisse, rue des Gobelins et au champ de l'Alouette.

Le 21 juillet 1644, trois jours avant la mort de Charles Coulon, avait comparu devant le chapitre « Messire François Balestier, prestre du diocèse de Narbonne, bachelier en théologie et chappelain de la chappelle de Saint-Blaise, fondée et desservie dans l'église paroissiale de Saint-Jean-Baptiste de Lauranne dudit diocèse » qui avait déclaré que la veille, Charles Coulon, alité et malade, avait permuté sa cure de Saint-Hippolyte contre la chapellerie de Saint-Blaize (1).

François Balestier, qui pour lors habitait au presbytère de Saint-Hippolyte, était connu des paroissiens comme prédicateur des controverses. (On appelait ainsi un catéchisme consacré particulièrement à la réfutation des erreurs protestantes.) La liste des prédicateurs du carême de 1643 (2) porte en effet que « Monsieur Ballestié, bachelier en théologie et en droit canon... *continue* les controverses après vêpres » à Saint-Hippolyte. Il les poursuivit encore pendant deux ans, si l'on en croit les indications des mêmes listes pour les carêmes de 1644 et 1645 (3).

Au carême de 1645 toutefois, il n'était certainement plus curé

(1) Arch. Nat. LL 570, f. 17 et suiv.

(2) Ancienne collection Bouvrain.

(3) Ibidem.

de Saint-Hippolyte, si tant est qu'il ait jamais joui de ce titre d'une manière incontestée.

Le 13 mars 1645, en effet, comparaissait devant le chapitre de Saint-Marcel un docteur de Sorbonne, Jean Blondel, qui requit les chanoines de le recevoir du pain de la communauté de leur église, comme « ayant été maintenu en la possession et jouissance, par arrêt de la cour, de la vicairie perpétuelle de Saint-Hyppolyte » (1).

François Balestier cesse dès ce moment de figurer à quelque titre que ce soit dans l'histoire de la paroisse.

*
* *

Jean Blondel, prêtre du diocèse d'Evreux, docteur en théologie de la faculté de Paris, avait été pourvu le 23 juillet 1641 du canonicat et de la prébende de messire Fabien Hervé en l'église de Saint-Marcel (2).

Est-ce cette prébende ou une autre du même chapitre qu'un certain Jacques Dobbe, prêtre, maître ès arts, lui disputait en 1648? Toujours est-il qu'une sentence du 31 juillet de cette même année maintint Dobbe en possession du canonicat en litige. Jean Blondel se vit par contre attribuer la chapellenie de Saint-Pierre et Saint-Paul de l'ancienne communauté de l'église de Paris dont Jacques Dobbe, qui en avait pris possession indûment, fut condamné à lui restituer les fruits (3).

Devenu curé de Saint-Hippolyte, Jean Blondel s'occupa activement de la décoration de l'église.

Ainsi, il fit exécuter des ouvrages de lambris de menuiserie « derrière le maître-autel, devant la chapelle de la communion ». Une somme de 215 livres, payée par lui pour ces travaux, ne lui avait pas été remboursée quand il mourut et la fabrique pour se libérer fonda pour le repos de son âme un obit où « les trois cloches » de l'église devaient être sonnées (4).

(1) Arch. Nat. LL 570, f. 38.
(2) Arch. Nat. LL 569, f. 162.
(3) Arch. Nat. X³ 282.
(4) Arch. Nat. L 655.

Blondel avait passé de même, le 19 novembre 1663, un marché avec un orfèvre du nom de Milton, pour une image d'argent de Saint-Hippolyte « conforme au modèle que le sieur Milton reconnaît lui avoir été fourni par le sieur Lebrun, intendant des manufactures royales ». Cette statue, qui pesait 14 marcs trois onces et avait été payée 567 livres, fut portée à la Monnaie en mars 1760 (1).

Disons de suite que cette image n'était pas la seule œuvre d'art qui rappelât à Saint-Hippolyte le souvenir de Charles Lebrun. Le grand peintre qui se plaisait, comme Mignard, à venir admirer les vitraux du bas-côté droit, si remarquables « par la correction du dessin et la beauté du coloris », voulut contribuer pour sa part à la décoration de l'église. C'est lui qui avait donné « le dessin du maître autel et des anges dans les côtés en attitude d'adoration ». Il avait peint aussi le tableau du maître-autel représentant l'apothéose de Saint-Hippolyte et on pouvait voir encore à la chapelle de la Communion un autre tableau de sa main dont le sujet est malheureusement inconnu (2). Marguillier d'honneur de l'église, il n'hésitait pas à en défendre les intérêts ouvertement, au risque d'indisposer contre lui le chapitre de Saint-Marcel pour avoir soutenu les curés de Saint-Hippolyte dans leurs démêlés avec les chanoines touchant l'heure des prédications (3).

Il ne savait refuser aucune tenture pour que l'église fût mieux décorée aux grandes fêtes, mais surtout, en bon courtisan, à la fête de Saint-Louis. La fête de Saint-Louis de 1679 fut particulièrement brillante, à en juger par ces lignes du *Mercure galant*, de septembre 1697.

(1) Arch. Nat. L 655.

(2) Piganiol de la Force, *Description historique de la ville de Paris et de ses environs*, 1765, t. V, pp. 228-229. Le même auteur signale aussi à Saint-Hippolyte l'existence de deux petits tableaux de Lesueur « de sa première manière. ».

(3) Le célèbre Lebrun s'était attiré la haine du chapitre pour avoir « par ses peines et ses soins fait maintenir la paroisse de Saint-Hippolyte dans le droit de faire prêcher dans son église aux heures qui sont en usage dans toutes les autres paroisses. Le doyen se serait exhalé en injures contre la maison des Gobelins à la procession du Saint-Sacrement du 8 juin 1679, au reposoir des Gobelins. » (Bibl. Mazar. A 16558, pièce 20, p. 35.)

« M. le Brun, 1ᵉʳ peintre de sa majesté, qui la solemnise tous les ans avec un zèle particulier, fit chanter une messe en musique ce jour-là dans la paroisse Saint-Hippolyte. La composition de la symphonie était de M. Charpentier. L'église se trouvait toute tendue des plus riches tapisseries qui se fassent aux Gobelins. Elles représentaient l'histoire du Roy et furent admirées aussi bien que la musique de tous ceux qui se rencontrèrent en ce lieu-là » (1).

On ne sera pas surpris après cela que Lebrun ait voulu que les pauvres de Saint-Hippolyte eussent le jour de son enterrement une part d'aumônes égale à celle distribuée aux pauvres de la paroisse Saint-Nicolas du Chardonnet où il avait son hôtel. Il ordonne en effet dans son testament en date du 7 février 1690 « que soit distribué le jour de son enterrement trois cent livres à trois cents pauvres, qui est vingt sols à chacun, lesquels trois cents pauvres seront savoir : cent cinquante de la paroisse Saint-Nicolas du Chardonnet et cent cinquante de ladite paroisse Saint-Hyppolytte » (2).

(1) Ouvrage cité, p. 55. — Vers le milieu du xviiiᵉ siècle on ne prêtait plus ainsi les tapisseries des Gobelins, du moins d'une manière habituelle. Le 21 octobre 1751, les artistes de la manufacture demandent l'autorisation de faire chanter à la paroisse un Te Deum d'actions de grâce de la naissance de Mgr le duc de Bourgogne. Dans le cas où elle leur serait accordée, ils supplient qu'on permette deux ou trois tentures pour faire tendre dans cette église « qui est fort haute. » (Arch. Nat. O¹ 2042.) — Nous ignorons si le prêt fut autorisé.

Du moins tendait-on avec luxe la façade de la manufacture pour la procession que la confrérie du Saint-Sacrement de Saint-Hippolyte faisait dans la paroisse chaque année, le 2ᵉ dimanche de juillet. Nous avons eu en main un livret-guide imprimé à l'occasion de cette procession et des processions de la Fête-Dieu, sous ce titre : « Explication des tapisseries, ouvrages de la couronne, qui seront exposées le jeudi 10 juin 1762 jour de la Fête-Dieu et le jeudi suivant jour de l'octave; et comme les années précédentes, il y aura le dimanche 11 juillet un reposoir sous la grande porte de ladite manufacture dont la façade sera tendue. » A Paris, de l'imprimerie Velleyre fils, 1762. (Bib. Nat. Lk⁷ 11815.)

Ces solennités attiraient un grand nombre d'étrangers. En 1745, à la Fête-Dieu il n'y avait pas moins « dans l'après-midi, de trois brigades de maréchaussée, pour faire renger les carrosses devant la porte, crainte des accidents et du bruit. » (Arch. Nat. O¹ 2041). L'affluence fut surtout considérable en 1790, à cause de la fédération du 14 juillet. (Arch. Nat. O¹ 2052 в.)

(2) Arch. Nat. Y 35, f. 66 verso. — Il nous plaît de relever aussi dans ce testament la demande de mille messes et un legs de 600 livres de rente « pour deux pauvres prêtres qui seront reçus pour s'instruire au séminaire de Saint-Nicolas du Chardonnet. »

5

******

C'est sous Blondel que fut effectué le bornement ordonné par l'arrêt de 1633 pour fixer les limites respectives des paroisses Saint-Hippolyte et Saint-Jacques. Plusieurs fois, les marguilliers de Saint-Jacques avaient argué du retard apporté à effectuer ce bornement pour refuser de payer les 54 livres de redevance annuelle dues au curé de Saint-Hippolyte. Mais sans doute l'opération n'était-elle ainsi différée que parce que ces limites mêmes étaient insuffisamment déterminées. Un arrêt du Parlement du 17 avril 1655 les précisa en ces termes :

« La rue du Puis des deux côtés sera de la paroisse Saint-Hipolite jusqu'au coing de la rue de Bourgogne et à main droite selon le chemin qui conduit derrière les murs des capucins et depuis lad. barrière en montant le long des murs desd. Capucins jusqu'à la fausse porte du bout du fauxbourg Saint-Jacques et de la fausse porte le long du pavé du grand chemin d'Orléans à main droite sera de la paroisse Saint-Jacques et ce qui est à gauche desdits chemins et murs des capucins sera de Saint-Hipolite » (1).

L'opération du bornement aurait dû dès lors, ce semble, être faite sans délai. Près de dix ans s'écoulèrent toutefois avant qu'elle fût terminée. La fabrique de Saint-Jacques, qui le 6 juillet 1654 avait décidé de suivre le bornement des paroisses Saint-Hippolyte et Saint-Médard, annula sa précédente décision le 13 janvier 1658, en raison de ce que le bornement intéressait plus le curé que la fabrique. Et c'est seulement le 9 mars 1664 que les marguilliers de Saint-Jacques arrêtèrent enfin que « le bornement serait terminé par expert et à frais communs entre M. le curé et la fabrique » (2).

Comme il ne nous est parvenu aucun plan de la paroisse datant de cette époque nous réserverons pour un des derniers chapitres de cette monographie la description détaillée du territoire de Saint-Hippolyte, afin de pouvoir utiliser alors le plan

(1) Arch. Nat. S 3396 A, 1re liasse, p. 157.

(2) Arch. Nat. LL 793. Journal de Saint-Jacques (années 1655-58-64). Les limites ne furent pas tellement fixées qu'il ne se soit encore élevé dans la suite quelques contestations.

Ainsi, en 1724, la fabrique de Saint-Jacques est en procès avec la fabrique de Saint-Hippolyte, soutenue par l'ordre de Saint-Jean-de-Latran, au sujet du moulin de Saint-Jacques (dit moulin d'Amour). L'affaire se termina à l'amiable, par la communication des titres de

général si précieux des paroisses de Paris, dressé en 1786 par
Junié, ingénieur géographe de l'archevêque Le Clerc de Juigné.

*_**

Les registres capitulaires de Saint-Marcel nous montrent
Jean Blondel recevant le 12 décembre 1649 des lettres
de présentation pour la cure de Saint-Maurice-Charenton dont
il prit possession le surlendemain, tout en conservant sa cure
de Saint-Hippolyte (1). Pareil cumul n'était pas rare à cette
époque. Toutefois cette situation fut de courte durée, car le
26 juin 1650 la cure de Saint-Maurice avait un sieur Hélie pour
titulaire (2).

D'une activité débordante et comme si son zèle ne trouvait

possession, la fabrique de Saint-Jacques, qui voulait faire rendre le pain
à bénir aux locataires de ce moulin, ayant été établie dès 1722 légataire
universelle par Michelle Bavillet, propriétaire dudit moulin. (Ibidem,
année 1724.)

De même, en 1771, la fabrique de Saint-Jacques eut gain de cause
contre les marguilliers de Saint-Hippolyte au sujet d'une maison du clos
des Capucins ouverte par la rue de la Santé et dont lesdits marguilliers
voulaient empêcher le locataire, un certain sʳ Leguay, de rendre le pain
à bénir à Saint-Jacques. (Abbé Grente, ouvrage cité, page 181.)

Nous signalerons enfin, pour ne plus revenir sur ce sujet, un « arrest
du grand conseil rendu contre le sieur curé de Montrouge et habitans
du Petit Montrouge, dans la seigneurie du fief du Commandeur de
Saint-Jean-de-Latran, ordre de Malte, et qui fixe le territoire de la paroisse de Saint-Hippolyte. »

« Iceluy nostre dit grand conseil, faisant droit sur le tout, ayant égard
aux demandes et requestes desdits curé et marguilliers de Saint-Hippolyte
et dudit commandeur Perrot, audit nom, a déclaré et déclare lesdites
maisons occupées par lesdites Jeanne Courtois, veuve de Jacques Boudinot, veuve et héritiers Fabien Plaves, dit Joannès, Bazile, la Croix,
Beaufils, Rouleau l'aisné et Guenet et les terres dépendantes desdites
maisons, estre de la dite paroisse de Saint-Hippolyte fauxbourg Saint-
Marcel, comme estant dans l'estendûe de la dite seigneurie de Loursine, terroir franc de ladite commanderie de Saint-Jean-de-Latran, la
quelle seigneurie de Loursine s'étend vers l'occident jusqu'au fief de
Sainte-Geneviève qui est de la paroisse Saint-Etienne-du-Mont et de là en
retournant vers le midy en faisant des haches où il y a des bornes,
jusques y compris ladite maison occupée par ladite Courtois, veuve
Boudinot, sur le chemin qui va de Montrouge à Gentilly...» (Arch. Nat.
AD XVII¹⁵, n° 131, imprimé de 12 p. in-4°).

(1) Arch. Nat. LL 570, f. 164.

(2) Arch. Nat. LL 571, f. 24.

pas assez à s'employer à Saint-Hippolyte, Jean Blondel prêche à Saint-Marcel l'avent de 1650 et le carême de 1652 (1).

Il s'intéresse à la controverse soulevée par le jansénisme, signe la requête des curés du 10 octobre 1659 (2) et le 25 juin 1664 adhère avec le chapitre à la constitution du pape Innocent X (3).

Entre temps, dans sa paroisse, il inaugure la tenue des actes mortuaires. On a du moins tout lieu de lui attribuer ce mérite, car les registres de décès de Saint-Hippolyte conservés jusqu'aux criminels incendies de 1871 ne commençaient qu'en 1653 (4).

Autre preuve de sa sollicitude : la paroisse ayant perdu les reliques de son patron, Blondel en obtient d'autres du même saint de l'abbé de Saint-Denis, Jean Havel, le 6 décembre 1662. Par permission de l'archevêque de Paris du 21 juin 1664, il en fut fait une ostension solennelle qui attira un nombreux concours de peuple (5).

C'est sous Blondel aussi et sur un terrain ressortissant de la juridiction du curé de Saint-Hippolyte que fut plantée la croix communément appelée la croix de la Sainte-Hostie, sur un terre plein entre le couvent du Val de Grâce et le couvent des capucins. Trois voleurs, ayant dévalisé nuitamment en 1688 l'église de Saint-Martin du Cloître, avaient caché une hostie sous deux doigts de terre en cet endroit. L'hostie ayant été retrouvée, une retraite de réparation fut organisée aussitôt et eut un immense succès. La croix commémorative, dont l'emplacement est indiqué sur tous les anciens plans à partir de cette époque, était en fer doré et s'élevait sur une pyramide de pierre de taille (6).

---

(1) Bib. Nat. Lk7 6743. — Pendant plus de 14 ans (Avent 1652-Avent 1666) c'est Blondel aussi qui prêche toutes les stations à Saint-Hippolyte, à une ou deux exceptions près.

(2) Bib. Nat. Mns. F.Fr. 22864, p. 235.

(3) Arch. Nat. LL 273, f. 48.

(4) *Annuaire historique* pour 1847.

(5) Abbé Lebeuf, ouvrage cité, t. II, p. 12. — Un inventaire dressé en 1762 signale « un reliquaire de carton argenté renfermant un ossement de Saint-Hippolyte dans une espèce de canon d'argent » (Arch. Nat. S* 3371.)

(6) Bibl. de la ville de Paris. Mns. n° 26772, pp. 100 et suiv.

Pour la première fois au cours de cette histoire, nous avons à signaler l'établissement de communautés religieuses sur la paroisse Saint-Hippolyte. L'antique couvent des Cordelières, malgré sa proximité de notre église, se trouvait en effet sur le territoire de Saint-Médard.

Ce furent d'abord des religieuses bénédictines françaises qui vinrent se fixer en 1651 rue des Gobelins; mais elles ne firent que passer et leur communauté n'existait plus à la mort de Blondel. Des bénédictines anglaises fondèrent ensuite, en 1664, un couvent au lieu dit le Champ de l'Alouette et celles-là subsistèrent jusqu'à la Révolution.

La première de ces communautés est peu connue.

Elle venait de Chaillot, car la déclaration du temporel dressée en 1763 par le chapitre de Saint-Marcel mentionne « les religieuses bénédictines transférées de Chaillot à la rue de Bièvre à Saint-Marcel ». (1) Et cela explique les relations de ces religieuses avec un sieur François Lhôte, dont une sœur, Françoise, avait épousé « Thimoléon Victon, écuyer, seigneur de Bauze, Raizeux et Chaillot en la partie de Longchamp » (2). Mais sans doute, entre Chaillot et Saint-Marcel, ces religieuses s'arrêtèrent-elles quelques années à une étape intermédiaire, rue des Postes. La liste des prédicateurs pour l'Avent 1651 signale en effet « les religieuses bénédictines rue des Postes, lesquelles transfère (*sic*) leur maison rue de Bièvre, près Saint-Hippolite » (3).

Ces religieuses n'avaient quitté la rue des Postes que parce que « François Lhôte, bourgeois de Paris, leur avait baillé et délaissé à titre de rente, par contrat passé le 27 octobre 1651 devant de Saint-Jean et Maheuf, notaires au châtelet de Paris, une maison « ayant grande porte cochère... consistante en quatre berceaux de caves dont il y en a deux l'un sur l'autre, salle, cuisine, court et jardin ou cimetière, chambres, cabinets, galeries, donjons, greniers, reffectoires cy-devant en magasin,

---

(1) Arch. Nat. S 1914.

(2) Ces titres sont empruntés à l'acte de donation du 21 juillet 1674 que nous citons plus loin.

(3) Bibl. Nat. Lk⁷ 6743. — On sait que la rue des Gobelins s'appelait primitivement rue de Bièvre. L'ancienne rue des Postes est aujourd'hui la rue Lhomond.

puits et autres appartenances et dépendances... tenant la totalité d'une part à Pierre Masson, d'autre et par derrière au sieur de Vitry et par devant sur la rue. » Les religieuses établirent leur monastère dans cette maison. Mais leur couvent fut supprimé et elles l'évacuèrent le 24 juillet 1670.

Les directeurs de l'Hôpital Général furent alors subrogés aux droits desdites religieuses. Mais celles-ci avaient disposé de leur monastère en faveur de François Loyseau, curé d'Auteuil, sans avoir toutefois obtenu à ce sujet le consentement du donateur.

Celui-ci revendiqua alors les immeubles qu'il avait donnés en 1651 et fut remis en possession de ses biens pour en disposer à sa guise par arrêt du Parlement rendu le 7 mars 1674 (1). Cinq mois plus tard, par acte du 21 juillet même année, il faisait donation des biens qu'il avait ainsi recouvrés à sa sœur Françoise Lhôte, femme de ce Thimoléon Victon dont nous avons plus haut énoncé les titres et qualités.

Cette première fondation religieuse n'avait pas eu de solidité.

L'établissement des Bénédictines anglaises était destiné au contraire à durer aussi longtemps que la paroisse Sainte-Hippolyte elle-même.

Ces religieuses, qui avaient obtenu en janvier 1664 des lettres patentes du roi pour s'établir à Saint-Marcel, achetèrent, par contrat passé devant Me Gallois, notaire à Paris, moyennant le prix de seize mille six cent livres, au sieur Noel Payen, bourgeois de Paris, et à sa femme Agnès Poliac, de lui autorisée, « une grande maison scize... rue Saint-Jean de Latran, appellée le champ de l'Allouette. »

Cette maison consistait « en un grand corps de logis, porte cochère sur la rue, trois étages au-dessus l'un de l'autre, une gallerie attenant ledit corps de logis, petit corps de logis en aile, cour, deux jardins ensuite l'un de l'autre, le premier en terrasse, deux corps de logis aux deux bouts dudit second jardin, dans l'un desquels le plus grand il y a une sortie par une porte cochère, aboutissant par derrière au chemin de Gentilly et par devant sur ladite rue du champ de l'Alouette, tenant d'une part aux héritiers de défunt M. Bourgeois et au sieur Béraille et d'autre

---

(1) Arch. Nat. X¹ₐ 2691, f. 318-323.
(2) Arch. Nat. S 1927ʙ.

part aux héritiers de défunt le sieur Lelièvre et à l'héritage du sieur de Lombardure. »

La vente était faite « aux Révérendes Mères religieuses bénédictines anglaises du couvent et monastère de Nostre-Dame de Bonne Espérance, cy-devant fondé en la ville de Cambray, de présen à Paris fauxbourg Sainct-Michel, au cul-de-sac de la rue Sainct-Dominique, en la maison de monsieur de Hermant » (1).

Un mémoire de l'abbé des Places, à l'appui d'une demande de secours, formulée en 1779 par les Bénédictines anglaises du champ de l'Alouette pour la reconstruction des murs de leur chapelle qui menaçaient ruine, nous met à même de reconnaître quelle précieuse acquisition avait faite la paroisse Saint-Hippolyte en les recevant sur son territoire. L'auteur du Mémoire s'exprime ainsi :

« L'objet de l'Institut de ces Religieuses est de prier sans cesse pour la conversion de l'Angleterre... Rien n'est plus édifiant que ce monastère et on peut dire avec la plus exacte vérité qu'il renferme autant de saintes qu'il y a de religieuses. Elles n'ont aucun commerce avec qui que ce soit : reléguées à une extrémité de Paris, elles sont ignorées du monde.

...Différentes de presque toutes les autres maisons religieuses, elles n'ont aucun moyen pour augmenter leurs revenus. Elles n'ont ni grandes ni petites pensionnaires; elles ne reçoivent point de dots; elles ne peuvent prendre de postulantes en France; on les leur envoie d'Angleterre » (2).

*
* *

Blondel mourut à 73 ans le 12 février 1675 et fut enterré dans le chœur de l'église Saint-Hippolyte (3).

---

(1) Arch. Nat. S 4619. — Pour compléter leur installation, les religieuses achetèrent en 1686 de Jean Brément, jardinier du Roy au jardin royal des plantes, et de Marguerite Boutron, son épouse, par contrat passé le 15 mars devant Mᵉ Torinon, notaire à Paris, moyennant le prix de huit mille livres, une autre maison, avec jardin en potager, une étable ou chaumière, le tout contenant environ un arpent et demy, clos de mur, pareillement situé rue Saint-Jean de Latran (ibidem).

(2) Arch. Nat. G⁹ 158, nᵒ 16.

(3) Arch. Nat. L 655.

Nous avons déjà dit qu'un obit annuel fut fondé pour le repos de son âme, contre l'abandon d'une avance de 215 livres que Blondel avait payées pour divers travaux de menuiserie. Ses héritiers, pour parfaire la somme nécessaire à cette fondation, avaient délaissé à la fabrique une chasuble à fond d'or en brocart évaluée 200 livres, qui appartenait au défunt (1).

(1) Arch. Nat. L 655.

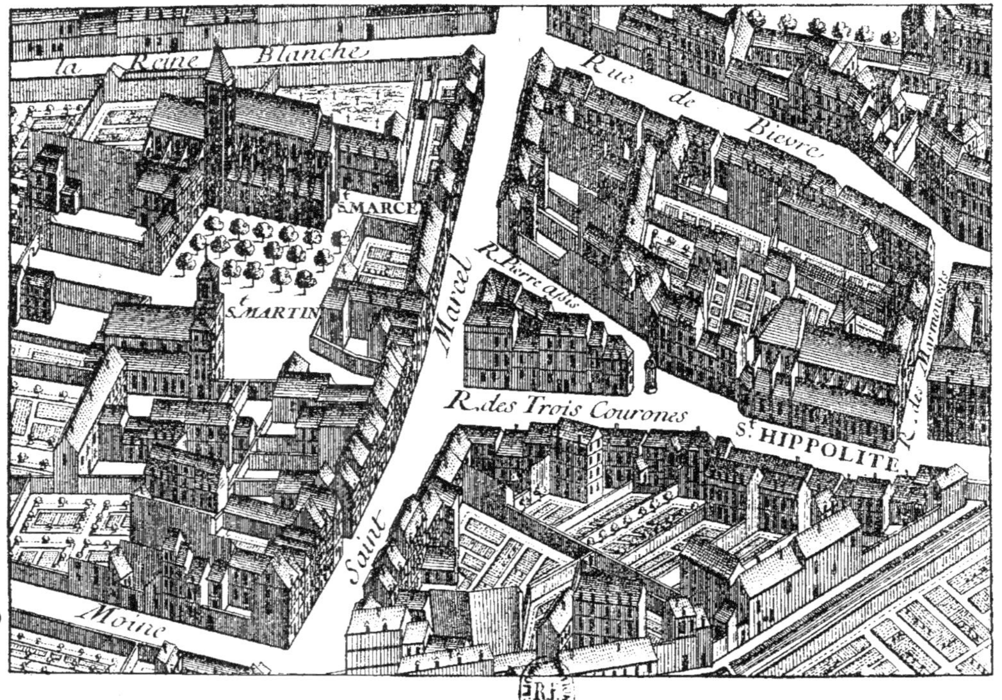

LA COLLÉGIALE SAINT-MARCEL ET SES FILIALES : SAINT-HIPPOLYTE ET SAINT-MARTIN-DU-CLOITRE

(Extrait du plan Bretez, dit de Turgot, 1739).

CHAPITRE VIII

UNE ÉPOQUE TROUBLÉE

———

Démêlés lamentables des sieurs François Sauvage et François Vigier. — Vigier à Saint-Lazare. — Quatre administrateurs de la cure en quatre ans ! — Le catéchisme aux Gobelins. — Institution des chapelains de la manufacture royale : comment leur règlement sauvegarde les droits de la paroisse.

C'est une période troublée qui commence maintenant pour la paroisse Saint-Hippolyte — la plus triste période de son histoire, assurément, car la discorde est dans son sein.

Le successeur de Blondel, François Sauvage, prêtre de Montpellier, docteur de Sorbonne, eut ses lettres de provision dès le 13 février 1675 et prit·possession de la cure de Saint-Hippolyte le 16 (1).

Le nouveau curé continua les travaux de réfection du sanctuaire. Un acte du 23 février 1683 nous apprend en effet que le sieur de Cuncy, ébéniste, fondeur ordinaire du roi, ancien marguillier, se trouvait à cette date créancier de 1.077 livres envers la fabrique de Saint-Hippolyte et qu'il avait avancé cette somme sur le compte de la dépense faite « pour abattre l'ancienne voûte de ladite église Saint-Hippolyte et en faire élever une neuve aux quatre grandes croisées de pierre de taille » (2). Or, Cuncy avait été marguillier en charge en 1679. On peut croire aussi que la tour placée du côté méridional, où était le collatéral le plus large, a été construite vers le même temps, car l'abbé Lebeuf qui écrivait en 1754 dit que cette tour ou clocher « ne paraît pas avoir cent ans ».

(1) Bibl. Nat. Mns. f. fr. 24075, f. 246.
(2) Arch. Nat. L 655.

Quelle cause précise contraignit Sauvage à se démettre de sa cure? L'abbé Drouin dit, sans autre explication, qu'il fut obligé de la résigner « pour une mauvaise affaire » (1). Il ne semble pas toutefois que la paroisse fût remise en de meilleures mains en passant sous la direction de François Vigier, prêtre du diocèse de Saint-Flour, bachelier en théologie, qui fut promu à la cure de Saint-Hippolyte le 13 novembre 1685. En effet une contestation s'étant élevée entre Sauvage et Vigier au sujet de l'administration du concordat de permutation qui avait été passé entre eux, Sauvage porta publiquement de graves accusations contre son successeur, jusqu'à dire qu'il était « demeuré quatorze mois dans un cachot, qu'il y estait devenu tout gris... » (2).

Dès le début de l'année 1687, le trouble était au plus haut degré dans la paroisse.

L'archidiacre de Josas en prit prétexte pour intervenir et donna commission à un prêtre habitué de Saint-Hippolyte, Norbert Parmentier (3), pour faire les fonctions de curé pendant la durée du litige entre Sauvage et Vigier. Celui-ci interjeta aussitôt appel comme d'abus de la décision de l'archidiacre, mais le sieur Parmentier, ainsi que deux autres prêtres habitués de la paroisse, Charles Ferret (4) et Guillaume Chagrin (5), lui rendirent presque impossible l'exercice du ministère, ainsi qu'à son vicaire, Raymond Delzons. Sauvage lui-même intervint ouvertement dans cette lutte et le 12 février 1687, jour des Cendres, Vigier le trouva à la sacristie, revêtu du surplis et de l'étole, s'apprêtant à présider l'office. Sur une plainte que Vigier adressa aussitôt à

(1) Bib. Nat. Mns. F. Fr. 22864, f. 235.

(2) Arch. Nat. Z 1o 140. — Procès-verbal de descente de l'official à Saint-Hippolyte le 13 février 1687.

(3) Norbert Parmentier était déjà à Saint-Hippolyte, en qualité de « porte-chappe », le 16 décembre 1683, où il signe l'acte de décès du mosaiste Ferdinand Megliorini. (*Nouvelles archives de l'art français*, 1897, p. 50.)

(4) Charles Ferret, prêtre habitué et sans pouvoirs, fut nommé sacristain le 3 octobre 1686, puis destitué de ses fonctions le 16 mars suivant. On choisit pour le remplacer un prêtre approuvé, du nom de Condillé, qui desservait depuis 25 ans déjà la paroisse. Mais Condillé déclina cette offre et l'official désigna, pour remplir les fonctions de sacristain, un prêtre nommé Bidault. (Arch. Nat. Z 1o 140.) Bidault était encore sacristain le 25 mars 1693 (Z 1o 143).

(5) ou Chagrain.

l'official, celui-ci fit dès le lendemain une descente à Saint-Hippolyte et après audition des parties maintint Vigier en possession
de faire les fonctions curiales jusqu'à la fin du litige en cours (1).

Le calme ne se rétablit pas pour cela. En effet, le 3 mai suivant,
l'abbé de la Motte, archidiacre de Josas, vint à l'heure des vêpres
mettre un certain sieur Huon en possession de la cure de Saint-
Hippolyte, en vertu d'une résignation que Sauvage aurait faite
à cet ecclésiastique de ses prétendus droits. Le lendemain,
l'église resta fermée aux heures des offices et Vigier dut aller
dire sa messe chez les Bénédictines anglaises. Il fallut que l'official fit le 5 mai une nouvelle descente à Saint-Hippolyte pour
calmer les esprits et fixer une fois de plus les droits et les devoirs
respectifs de chacun des membres du clergé de la paroisse (2)

Le litige pendant entre Sauvage et Vigier devait durer plusieurs années encore. Le 15 septembre 1690, Sauvage fut rétabli
provisoirement en possession de la cure de Saint-Hippolyte où
on le voit dès le 22 septembre signer les actes de catholicité (3).
Mais le 22 décembre, même année, Vigier obtint enfin un arrêt
qui lui assura définitivement la jouissance de ladite cure (4).

François Sauvage disparaît alors définitivement de l'histoire
de Saint-Hippolyte. Le 15 juin 1693, il habitait rue Saint-André
des Arcs, paroisse Saint-Séverin. Il mourut le 16 août de la
même année.

*
* *

Les mauvais jours étaient loin d'être terminés pour la paroisse
Saint-Hippolyte.

Le 21 septembre 1691, par ordre du roi donné à Fontaine-
bleau, est signifié « au sieur Viguier (*sic*) prestre curé de Saint-
Hipolite de se rendre incessamment dans le séminaire qui lui
sera indiqué par le sieur archevesque de Paris, pour y demeurer
jusque à nouvel ordre, à peine de désobéissance. »

Une lettre de la même date de M. de Pontchartrain, secré-

(1) Arch. Nat. Z 1o 140 (1687).

(2) Ibidem (5 mai 1687).

(3) Arch. Nat. L 616. (Note manuscrite du chanoine Morain, chambrier
du chapitre de Saint-Marcel.)

(4) Arch. Nat. Z 1o 142 et 143, aux dates indiquées.

taire et ministre d'Etat, explique que le roi avait reçu « plusieurs plaintes de la mauvaise conduite dudit sieur Viguier (*sic*), curé de Saint-Hipolite et de la dissipation qu'il a fait des aumosnes que sa majesté luy faisait délivrer tous les mois pour distribuer aux pauvres nouveaux catholiques de sa paroisse. »

Convoqué le 28 septembre à l'officialité, Vigier reçut l'ordre de se retirer dans la maison des Prêtres de la Mission à Saint-Lazare, faubourg Saint-Denis (1).

En outre des malversations indiquées par la lettre de M. de Pontchartrain, il avait encore à répondre d'une accusation de recel de testament. Les marguilliers de Saint-Hippolyte lui avaient en effet intenté un procès avant même la fin de l'année 1690, pour l'obliger à représenter un testament d'une certaine Florence Debure, veuve de Guillaume Arnauld, dans lequel la paroisse était intéressée et au sujet duquel plusieurs particuliers procédaient déjà contre lui (2).

C'est alors à Saint-Hippolyte un véritable défilé d'administrateurs ecclésiastiques, chargés de conduire la paroisse en l'absence du curé titulaire. Il n'y en eut pas moins de quatre en l'espace de quatre ans.

Le premier est un sieur Lefebvre, prêtre, bachelier en théologie, qui signe comme « député par Mgr l'archevêque de Paris au gouvernement de la paroisse Saint-Hippolite » divers actes, dont le dernier en date qui ait été conservé est l'acte de décès de Jean-Baptiste Mosin, tapissier, du 29 juin 1693 (3).

Vient ensuite un prêtre du nom de Morel, dont nous devons l'indication à une note déjà citée d'un chambrier du chapitre de Saint-Marcel, le chanoine Morain (4).

Le troisième est Etienne Milanges, qui était préposé à la conduite de Saint-Hippolyte, lorsque fut passé, le 20 juin 1694, un acte relatif à la fondation de trois saluts par Philippe Branchy(5).

(1) Arch. Nat. Z 1o 141.

(2) Arch. Nat. Z 1o 142-143.

(3) *Nouvelles Archives de l'art français*, 1897, p. 51,

(4) Arch. Nat. L 616. — Peut-être est-ce le François Philippe Morel qui figure dans la liste des docteurs de Navarre du 30 mai 1691. Les deux administrateurs suivants sont aussi des docteurs de Navarre (B. N. Mns. F. Fr. 22832).

(5) Arch. Nat. L 655.

Enfin Charles-Claude Thévenet gouverna la paroisse au moins depuis le début de 1695 jusqu'au retour de Vigier, dont le nom reparaît dans les actes le 8 janvier 1696 (1).

Au cours de ces années troublées, la paroisse Saint-Hippolyte cessa de fournir un des prêtres de son clergé pour faire le catéchisme aux Gobelins et dire la messe dans la chapelle de la Manufacture.

Ces fonctions de catéchiste avaient été remplies successivement par les ecclésiastiques suivants, dont les noms nous sont fournis par les *Comptes de la Couronne* publiés par M. Guiffrey.

Thaury Pierre — 1670.

Ferret Charles (2) — 1675-1677 et 1680-1689.

Boyer Jean-Baptiste — 1689 (fin).

Gobron... — fin 1690-1692.

Godivel Henry-Joseph — fin 1692-1693.

C'est le 1er juillet 1693 qu'au lieu du prêtre catéchiste de Saint-Hippolyte et du Picpucien qui prêchait aux Flamands, on établit, aux gages de 500 livres, un chapelain résidant dans la manufacture, y disant tous les jours la messe et instruisant les enfants (3).

Les droits de la paroisse furent toutefois sauvegardés avec

---

(1) Arch. Nat. L 616.

(2) En 1678 et 1679, la manufacture est desservie par Godefroy Balouze, chanoine de Fosse, diocèse de Liège, qui signe comme témoin au mariage de François Van der Meulen et de Catherine de Lobry le 22 avril 1679 (Herluison, p. 298). — Les *Comptes de la Couronne* lui donnent le titre de chapelain des Gobelins (t. I, 1091). Mais sans doute ne faisait-il pas partie du clergé de Saint-Hippolyte.

(3) Arch. Nat. O¹ 2040ᴀ. — Remplirent les fonctions de chapelain aux Gobelins :
Nivard Mathurin, de 1693 jusqu'à 1715 au moins, date où s'arrête la publication des *Comptes de la Couronne*.
Guesdon... qui signe le 18 avril 1734 l'acte de décès d'Antoine Cozette, concierge de la manufacture. (*Nouvelles archives de l'art français*, 1897, p. 23.)
Bellanger François, 1740-1762. Ses éclats pendant la controverse janséniste le firent remercier en octobre 1762.
Larchevesque Louis-Étienne 1762-1781. Il mourut aux Gobelins et fut enterré le 13 mai 1787. L'avis de décès, inséré au Journal de Paris

soin, comme nous pouvons en juger par plusieurs pièces de diverses dates.

En effet l'archevêque de Paris permet bien de faire dire la messe dans la chapelle des Gobelins, mais il observe que c'est « à l'exception du dimanche de la Résurrection et autres fêtes annuelles... et à condition qu'on n'y administrera aucun sacrement, sinon ceux de Pénitence et d'Eucharistie aux infirmes seulement, comme aussy qu'il ne s'y fera aucune bénédiction d'eau ny de pain, ny aucun autre service paroissial : et que les jours de Dimanche et Festes ne pourront y entendre la messe que ceux dudit hotel, sauf en tout les droits parochiaux » (1).

De même, les règlements de la manufacture stipulent expressément que le chapelain préparera les jeunes élèves à la première communion, mais « sans préjudice néanmoins de ce que le curé » pourra exiger relativement au catéchisme de la paroisse» (2). Et de fait nous voyons un des chapelains, l'abbé de Lafrené, se proposer seulement de seconder par ses instructions «celles qui se donnent publiquement dans les catéchismes de la paroisse, auxquels il entend que tous les enfants remis à ses soins assistent assidûment » (3).

*
* *

François Vigier mourut quelques mois seulement après son retour à Saint-Hippolyte, laissant à son successeur une paroisse encore toute meurtrie des luttes intestines qui l'avaient agitée pendant près de 20 ans.

du 14 mai, lui donne les titres d'ancien chapelain des Gobelins et de chapelain de la chapelle du bureau des orfèvres.

de la Frêné (ou La Fresnaye), vicaire général de Saint-Flour, nommé chapelain des Gobelins le 5 décembre 1781. (Arch. Nat. O¹ 2052 b.)

(1) Arch. Nat. O¹ 2040 b. — Permission donnée le 20 janvier 1697 par l'archevêque de Paris.

(2) Arch. Nat. O¹ 2049. — Art. 12 d'un règlement du xviiie siècle.

(3) Ibidem. (17 décembre 1781.)

CHAPITRE IX

LE RÉNOVATEUR DE LA PAROISSE :
MICHEL LEBRETON

Succès de la retraite prêchée en 1697 à Saint-Hippolyte. — Rapports de Michel Lebreton et de saint Jean-Baptiste de la Salle. — Accords conclus avec le chapitre de Saint-Marcel. — Création d'écoles de charité. — L'admirable institution d'un séminaire d'instituteurs pour les campagnes. — Un curé littérateur.

Quelques années suffirent au nouveau curé de Saint-Hippolyte, Michel Lebreton, de Saint-Malo, pour rétablir l'ordre et la paix et porter même la paroisse à un degré de prospérité qu'elle n'avait jamais encore atteint.

Promu le 22 mai 1696, Lebreton s'appliqua aussitôt à faire cesser toutes les anciennes divisions et il y réussit d'une manière si parfaite qu'il pouvait au 3 février suivant, en recevant l'archevêque de Paris, rendre témoignage en ces termes du changement qui s'était opéré :

« ...La paroisse Saint-Hyppolite sera désormais vostre joie et vostre consolation. Le pasteur que vous lui avez donné et que vous soutenez par des bontez continuelles va travailler avec un nouveau zèle pour conserver l'esprit de piété, d'union et de charité qui y règne maintenant. »

Cette visite de l'archevêque clôturait les exercices d'une mission prêchée à Saint-Hippolyte par les Pères Capucins depuis près de six semaines, mission dont l'importance et l'éclat exceptionnels déterminèrent le *Mercure galant* de l'époque à en fournir un compte rendu très détaillé (1).

---

(1) *Mercure galant*, février 1697, p. 155-172.

L'ouverture s'en était faite le 27 décembre 1696 « par une procession composée du clergé de la paroisse et des Pères Missionnaires ». Il y avait « tous les jours, trois sermons et une » conférence sur les commandements de Dieu, et un salut le » soir après la dernière prédication... Les missionnaires étaient » au nombre de douze, tous consommés dans ce saint et chari- » table ministère (1). »

[Le 3 février] Mgr l'archevêque se rendit dès le matin dans cette église pour terminer cette mission. M. le curé accompagné d'un clergé composé de cinquante ecclésiastiques et des Pères missionnaires l'alla recevoir en procession aux dernières maisons de la paroisse où Mgr l'archevesque estant descendu de carrosse fut conduit sous un dais à l'église en chantant le cantique *Benedictus*. A l'entrée de l'église, M. le curé le harangua...

« M. l'archevesque répondit à cette harangue avec beaucoup de justesse et de bonté et en donnant sa bénédiction au peuple, il alla se mettre à genoux sur les marches de l'autel où il repoussa un carreau qu'on y avait mis pour luy. Il célébra ensuite la messe avec une dévotion qui charma tout le peuple qui estait accouru des Paroisses voisines pour voir cette auguste cérémonie. Ayant achevé la messe, il monta en chaire avec la chappe et la mître et fit une prédication fort scavante et fort édifiante... Après la prédication, il fit l'absoute des vivans dans l'église et ensuite il alla au cimetière faire l'absoute et les prières pour les morts. Estant de retour à l'église, il y donna le sacrement de confirmation à un grand nombre d'enfants et à d'autres personnes de plusieurs paroisses qui s'y étaient rendues pour cela. Il fit ensuite la visite des comptes de l'église, rendus par les marguilliers ; il écouta les maistres et maistresses d'écoles, comme aussi tous ceuz qui voulurent lui parler d'affaires de conscience avec beaucoup de patience et de douceur. Sur les cinq heures du soir il assista sous un dais à la prédication d'un des missionnaires, après laquelle il porta le saint sacrement en procession dans l'enceinte de cette église, parce qu'il était trop tard pour sortir dehors et donna au peuple la bénédiction. Le lendemain, la mission finit par un service et une prédication pour les morts.

... M. le curé de Saint-Hippolyte pria [M. l'archevesque] en pré-

---

(1) Le P. Séraphin, qui prêcha le dernier Carême si apostoliquement à Versailles, estait un des missionnaires de Saint-Hippolyte et, sur le bien qu'en a dit le Roy, Mgr l'archevêque de Paris l'a choisi pour prêcher le Carême à Notre-Dame. (*Mercure galant*, février 1697.)

sence de tous les missionnaires, de trouver bon que ceux qui avaient fait les conférences pendant tout ce temps les continuassent encore jusqu'à Pâques, ce que ce prélat accorda avec beaucoup de bonté.

**
**

Après avoir ainsi restauré la piété et l'union parmi les paroissiens, Lebreton devait, pour écarter tout obstacle à la prospérité de la paroisse Saint-Hippolyte, hâter la conclusion d'un accord avec le chapitre de Saint-Marcel. Il s'y appliqua avec persévérance et apporta à cette tâche un grand esprit de conciliation, sans rien sacrifier d'ailleurs des droits et des légitimes revendications de la paroisse.

Un premier accord eut lieu le 4 juin 1697 entre le chapitre, le curé de Saint-Martin du Cloître et Michel Lebreton, au sujet de la procession du jour de la Fête-Dieu et de l'octave. Originairement, le curé de Saint-Hippolyte y prenait part confondu dans les rangs du chapitre et il n'y avait que le curé de Saint-Martin qui jouît des honneurs de porter le Saint-Sacrement, le jour de l'octave. Plus tard les honneurs furent partagés entre les deux curés; mais celui qui avait commencé voulait finir et il en résultait de mesquines querelles, qui faisaient scandale en pareille circonstance. Une ordonnance du 13 avril 1688 de l'archevêque de Paris avait prescrit alors que le Saint-Sacrement serait posé sur un piédestal fixé à un bâton d'argent fourni par les deux paroisses et que les deux curés le porteraient ensemble et conjointement sous le dais de Saint-Martin. Mais c'étaient encore des contestations sans fin pour savoir qui aurait l'honneur de tenir la droite. Par l'acte du 4 juin 1697, le chapitre renonça à son droit de faire une procession générale le jour de l'octave et consentit à ce que chaque paroisse en fît une séparément sur son territoire. Le jour de la fête il fut réglé qu'elles n'y viendraient qu'alternativement d'année en année. C'était, on le voit, couper la racine de toutes les difficultés.

Une nouvelle transaction, mais propre celle-là à Saint-Hippolyte, fut conclue le 19 août 1700 avec le chapitre. Cette transaction embrassait l'ensemble des questions litigieuses : processions, prédications, droit de visite, etc. (1). Il ne semble pas

(1) Voir Arch. Nat. S 1939, fol. 14, le texte de cette transaction.

utile toutefois d'en rapporter ici les conclusions. Cette convention fut en effet confirmée en 1703 dans une sentence arbitrale de l'archevêque de Paris, dont nous donnerons le texte et que l'on peut bien considérer comme la charte définitive réglant dans les moindres détails les rapports de Saint-Hippolyte et du chapitre.

*
* *

Il nous reste, pour achever de faire connaître comment Lebreton opéra le relèvement de sa paroisse, à parler des efforts de son zèle pour l'instruction et l'éducation chrétienne des enfants pauvres.

Peut-être la création d'une école de charité pour les filles est-elle antérieure à sa nomination à la cure de Saint-Hippolyte. Par acte du 4 novembre 1694, un chanoine de Saint-Marcel, Louis Deshalleux, avait en effet donné au chapitre une somme de 2.000 livres, argent comptant, pour fonder une école de charité où seraient reçues les filles des paroisses Saint-Martin et Saint-Hippolyte (1).

Lebreton s'occupa du moins d'assurer à l'école un local qui lui appartînt en propre et nous le voyons dans ce but acheter, le 24 mai 1701, par acte passé devant Mouffle, notaire à Paris, une maison appartenant à M. Jean-Baptiste Fermeluis, docteur en médecine, rue Matignon, et à sa femme Jeanne Lenain. Cette maison, où pendait pour enseigne : *Au Roi Henri IV*, était la 3e du côté droit de la rue des Trois Couronnes en entrant par la rue Mouffetard. La vente fut consentie moyennant le prix de 2.900 livres dont 1.500 furent couvertes par des dons, et à la charge de l'entretien du bail qui avait été fait de cette maison, moyennant 114 livres de loyer annuel, à Antoinette Marcel, sœur de la dite charité (2).

Pour l'école de charité des garçons, il n'y a pas de doute que sa fondation ne soit l'œuvre de Lebreton.

(1) Arch. Nat. S 1932. Une transaction du 15 mai 1702 avec le sieur Gaultier, héritier bénéficiaire du chanoine Deshalleux, réduisit de moitié cette somme. Le chapitre alors s'engagea à payer 50 livres par an pour le loyer de l'école. Cette rente fut d'abord partagée entre les deux paroisses, puis la paroisse Saint-Martin fut seule à la recevoir. La réduction des rentes sur la ville la fit tomber à 25 livres que touchait le curé de Saint-Martin.

(2) Arch. Nat. S* 1942, fol. 193.

Le 18 avril 1697 en effet, le zélé pasteur constitue une rente
de 150 livres au profit de la personne qui aura la direction de
l'école de charité des garçons de la paroisse et il déclare à ce
sujet « que depuis le mois de may dernier qu'il a pris possession
de la dite cure [de Saint-Hippolyte], il a mis et établi des maîtres
d'école pour enseigner le catéchisme et à lire et écrire aux pauvres
jeunes garçons de ladite paroisse et leur donner l'éducation
nécessaire pour être instruits de la foi catholique et vivre dans la
crainte de Dieu, ce qui s'est jusqu'à présent exécuté fort ponc-
tuellement, par le soin qu'a toujours eu ledit sieur Lebreton de
fournir et donner ce qui était nécessaire pour la subsistance de
la personne qui a eu la direction et conduite desdits enfants » (1).

Hâtons-nous de dire que Lebreton s'adressa à Saint Jean-
Baptiste de la Salle, sinon dès la fondation de cette école, au
moins dès 1700, pour obtenir des maîtres de son choix. La paroisse Saint-Hippolyte fut ainsi la première à Paris, après celle
de Saint-Sulpice, à recevoir les frères de la Doctrine chrétienne.

Il y a mieux. Le zélé pasteur, désireux d'étendre aux faubourgs
voisins le bienfait de semblables écoles, s'ouvrit de son dessein
à M. de la Salle et tous deux s'accordèrent promptement pour
fonder un séminaire, — nous dirions aujourd'hui « une école
normale » — destinée à préparer des maîtres d'école pour les paroisses suburbaines et les campagnes.

Il faut lire dans la belle et savante *Histoire de saint Jean-
Baptiste de la Salle* par M. J. Guibert, les détails de cette curieuse
fondation. Le séminaire et l'école de charité étaient établis dans
une maison de la rue de Lourcine louée à un sieur Lemoine et une
des deux classes de l'école était tenue à tour de rôle par un
élève-maître : ainsi les futurs instituteurs avaient dès le séminaire l'occasion d'appliquer les règles pédagogiques qui leur
étaient enseignées (2).

Ces règles pédagogiques, Lebreton aurait été d'ailleurs, ce
semble, très à même de les leur tracer lui-même. C'était un esprit

(1) Arch. Nat. L 655. Deux mille livres, provenant du remboursement
fait à Michel Lebreton par devant Mᵉ Aumont, notaire, le 27 janvier 1700
de cette rente de 150 livres au denier 12, furent employées le 19 mars 1700
à un achat de rente sur les Postes. Remboursées, elles formèrent appoint
pour l'achat fait le 23 février 1703 par le curé et les marguilliers, de
938 livres de rente sur les aides et gabelles, moyennant 15.008 livres.

(2) Ouvrage cité, p. 300-301.

très cultivé en effet que ce docteur de Sorbonne qui trouvait, au milieu des soucis incessants d'un ministère très actif, le loisir de composer un traité « *De la rhétorique selon les préceptes d'Aristote, de Cicéron et de Quintilien,* avec des exemples tirez des auteurs sacrez et profanes tant anciens que modernes », publié l'année même de sa mort (1703) avec privilège royal, à Paris, chez Grégoire du Puis, rue Saint-Jacques, à la *Fontaine d'or* (1).

Nous citerons la finale de cet ouvrage, car le prêtre s'y révèle tout autant que l'homme de goût.

« Un prédicateur peut exciter quelques mouvemens sans scavoir les préceptes de l'art ; mais il n'ira pas loin, semblable à un navire sans gouvernail qui vogue quelque temps et qui échoue bientôt. Celui qui sçait les règles de l'art a encore un autre avantage, il peut mieux juger de la beauté d'un discours et est plus en état d'en profiter. Après tout ce que j'ay dit à l'avantage de l'éloquence, je suis obligé d'avouer que la plus grande qu'un prédicateur puisse avoir, c'est d'être touché des vérités qu'il prêche, s'il en veut toucher les autres. »

*
* *

Michel Lebreton mourut le 9 mars 1703, épuisé par les fatigues d'un court, mais laborieux ministère. Il n'avait pas 52 ans (2).

L'office fut fait, le jour de l'enterrement, 12 du même mois, par Guillaume Denis Ravissar, qui lui avait succédé depuis le 4. Le doyen de Saint-Marcel et les chanoines signèrent l'acte mortuaire, mais en mentionnant expressément qu'ils n'entendaient pas approuver la qualité de curé donnée au défunt. A vrai dire, Michel Lebreton était seulement qualifié dans cet acte d'ancien curé et comme il n'était plus titulaire de la cure de Saint-Hippolyte à son décès, son enterrement par Guillaume Ravissar ne pouvait aucunement préjudicier aux droits du chapitre.

---

(1) C'est un volume in-12 de 526 pages (Bib. Nat. X 18.482). Guérard (*France littéraire,* tome I p. 505) indique comme auteur de ce traité M. Breton, curé de Saint-Hippolyte au faubourg Saint-Marcel.

L'ouvrage est divisé en trois livres.

Livre I. Des preuves qui conviennent à la rhétorique.

Livre II. Des ornements du discours.

Livre III. Des passions.

(2) Arch. Nat. L 616 et Bib. Nat. Mns. f. fr. n. acq. 5861, n° 4457.

CHAPITRE X

GUILLAUME-DENIS RAVISSAR

Une charte de paix ou la transaction du 5 juin 1703. — Le grand chantre
et les écoles de charité. — Infidélité du sieur Vuyard, directeur du séminaire des maîtres d'écoles. — Trois curieuses gravures de confréries. —
Pose d'une première pierre en 1728. — Un janséniste impénitent !

Un portrait du nouveau curé, gravé par Crespy, nous le montre jeune encore, les traits fins, le regard intelligent, avec un pli
de lèvres qui accuse de la ténacité, mais sans dureté. De fait, il
alliait un esprit large et conciliant dans la pratique — ses bonnes
relations avec le chapitre en font foi — à une singulière
opiniâtreté dans les idées, témoin la persistance de ses attaches
jansénistes.

Guillaume Denis Ravissar, prêtre du diocèse de Paris, remplissait les fonctions de chanoine sacristain de Saint-Marcel
quand il fut promu à la cure de Saint-Hippolyte. Il n'était encore
que bachelier en théologie et mena de front pendant plusieurs
années le soin de sa paroisse et la poursuite des grades jusqu'au
doctorat.

Quelques mois à peine s'étaient écoulés depuis qu'il avait
succédé à Michel Lebreton, lorsque fut rendue l'ordonnance
archiépiscopale en forme de transaction dont nous avons déjà
parlé. L'importance de ce document est telle que nous croyons
devoir en reproduire, malgré sa longueur, toute la partie intéressant Saint-Hippolyte (1).

---

(1) Cette ordonnance est en grande partie citée dans le *Mémoire contre
Bruté*.

Les passages omis sont particuliers à la paroisse Saint-Martin ou ont
trait à la communauté des clercs établie dans deux maisons du cloître
Saint-Marcel.

Louis-Antoine de Noailles, par la permission divine, cardinal prestre de la sainte Eglise romaine du titre de Sainte-Marie sur la Minerve, archevesque de Paris, duc de Saint-Cloud, pair de France, commandeur de l'ordre du Saint-Esprit : A tous ceux qui ces présentes verront, salut. Scavoir faisons que sur les différends et contestations meües et pendantes par devant nous entre les sieurs doyen, chanoines et chapitre de notre église collégiale de Saint-Marcel-lez-Paris, seigneurs spirituels et temporels de la ville de Saint-Marcel, patrons et curez primitifs des paroisses de Saint-Martin et de Saint-Hippolyte, demandeurs et deffendeurs d'une part ; et M⁰ Guillaume de Voulges, prestre docteur de la maison et société de Sorbonne, curé ou vicaire perpétuel et les marguillers et paroissiens de ladite paroisse de Saint-Martin, deffendeurs et demandeurs d'autre part ; et encore entre lesdits sieurs doyen, chanoines et chapitre, demandeurs et deffendeurs d'une part et M⁰ Guillaume-Denis Ravissart, curé ou vicaire perpétuel et les marguillers et paroissiens de la paroisse de Saint-Hippolyte intervenans en ce qui leur est commun avec ladite paroisse Saint-Martin deffendeur et demandeur d'autre part ; veu les compromis ou pouvoirs donnés par les parties : scavoir desdits sieurs doyen, chanoines et chapitre du sept et dix du mois de may dernier, des sieurs curé ou vicaire perpétuel, marguillers en charge et anciens de la dite paroisse de Saint-Martin du dix-sept février dernier en conséquence du pouvoir à eux donné par l'assemblée de l'œuvre et fabrique de la même paroisse du même jour dix-septième de février ; et des sieurs curé ou vicaire perpétuel, marguillers en charge et anciens de Saint-Hippolyte du quatre dudit mois de may dernier ; les dits compromis ou pouvoirs annexez à ces présentes portant nomination de notre personne pour juge et arbitre des contestations qui sont entre lesdites parties...

(Suit l'énoncé des pièces produites au procès).

« Ouy le rapport de messire Antoine Jagon, prestre docteur en théologie de la faculté de Paris, abbé de Chatrices, commissaire par nous député pour l'instruction de la présente affaire ; et après avoir entendu plusieurs fois contradictoirement les parties, tout considéré : nous, tant comme juge ordinaire en cette partie que comme arbitre convenu par les parties, faisant droit sur les demandes et contestations des parties, avons ordonné et ordonnons ce qui suit :

1⁰ Les curés ou vicaires perpétuels, clergé et habitans des paroisses de Saint-Martin et Saint-Hippolyte seront tenus d'assister avec leurs croix, en corps de clergé, à la procession des doyen, chanoines et chapitre de Saint-Marcel le jour de l'Assomption et aux autres processions dudit chapitre, lorsqu'il sera convoqué pour se trouver aux processions de notre église métropolitaine ; et ces jours-là les deux paroisses ne pourront faire de processions particulières hors de leurs églises, mais les jours qu'elles ne seront point mandées par le chapitre, elles pourront faire chacune leur procession particulière, même hors de leur église.

2° Aux dites processions de Saint-Marcel auxquelles se trouveront lesd. paroisses, lesdits curez ou vicaires perpétuels assisteront dans leur rang ordinaire de chapelains, scavoir, après le dernier chanoine. Le clergé et les marguillers de Saint-Martin y tiendront la droite et le clergé et les marguillers de Saint-Hippolyte y tiendront la gauche,

3° A l'égard de toutes les autres processions qui se font dans le cours de l'année par ledit chapitre, les deux paroisses y assisteront alternativement d'année en année en corps de clergé ; la paroisse Saint-Martin commencera son année jeudy prochain feste du Saint Sacrement et celle de Saint-Hippolyte à même jour l'année prochaine et l'on continuera ainsi alternativement d'année en année à perpétuité.

4° . . . .

5° Tous les ans, le dit jour de Saint-Marc, le sieur curé ou vicaire perpétuel de Saint-Hippolyte attendra dans son église avec son clergé la procession de Saint-Marcel pour la recevoir à l'ordinaire ; et quand la paroisse de Saint-Hippolyte sera en tour d'aller aux processions du chapitre, elle assistera à la messe que le chapitre vient célébrer dans ladite église, après laquelle ledit sieur curé ou vicaire perpétuel, clergé, marguillers et peuple de Saint-Hippolyte accompagneront la procession du chapitre jusqu'au chœur de Saint-Marcel et ledit sieur curé ou vicaire perpétuel tiendra son rang de chapelain tant à ladite messe qu'à la procession suivant l'usage, sans étole et en aumusse.

6° Le lundy et le mardy des Rogations, la paroisse qui ne sera pas en tour ne pourra sortir avant neuf heures pour les processions particulières et le mercredy, attendu que le chapitre reçoit notre église métropolitaine, la dite paroisse non en tour ne pourra sortir avant neuf heures et demie : les deux premiers jours susdits, la paroisse non en tour fera station dans quelque église du quartier Saint-Victor, et le troisième en une du faubourg Saint-Jacques, descendant le long de la grande rue Moufletard, coupant par les rües de l'Arbalestre et des Postes et revenant par derrière les murs du Val-de-Grâce.

7° En toutes les processions de Saint-Marcel auxquelles assisteront les deux paroisses ou l'une d'icelles, lesdits curez ou vicaires

M. Guillaume Denis Ravisar
Prestre et Docteur
en Theologie Curé de S.t Hypolite

GUILLAUME-DENIS RAVISSAR

Curé de Saint-Hippolyte de 1703 à 1733.

perpétuels, chacun à leur égard, se trouveront avec leur clergé, leur croix, les marguillers ou deux anciens les représentant accompagnez de leurs bedeaux; et en cas d'absence, de maladie ou de légitime empêchement desdits curés ou vicaires perpétuels, ils commettront leurs vicaires ou un autre prêtre de leurs paroisses pour les représenter, lequel prestre marchera à la tête du clergé de la paroisse et non au rang de chapelain.

8° . . . .

9° Le jour de la feste du Saint Sacrement, le sieur curé ou vicaire perpétuel de Saint-Martin ou Saint-Hippolyte qui sera en tour viendra avec tout son clergé, marguillers et peuple, assister à la procession générale de Saint-Marcel; ledit sieur curé ou vicaire perpétuel en tour apportera le Saint Sacrement de son église en celle de Saint-Marcel sous le dais de la paroisse jusque sur le grand autel de Saint-Marcel. Le clergé de la paroisse en tour ne chantera point dans le chœur, mais il cessera de chanter à l'entrée d'iceluy et alors l'orgue commencera de jouer et continuera jusqu'à ce que le Saint Sacrement soit posé sur le grand autel, après quoy les officiers du chœur de Saint-Marcel lèveront le chant qui sera continué alternativement par tout l'ensemble ainsi que se chantent les Pseaumes et lorsque la procession sera rentrée et que le sieur curé ou vicaire perpétuel en tour reprendra le Saint Sacrement pour le reporter dans son église, il ne donnera point la bénédiction; et le clergé de la paroisse en tour ne pourra relever le chant que lorsque le Saint Sacrement sera sorti du chœur et à ce moment l'orgue cessera de jouer.

10° Ledit sieur curé ou vicaire perpétuel en tour posera le Saint Sacrement sur le grand autel sans donner la bénédiction et à l'instant l'officiant de Saint-Marcel entonnera une antienne du Saint Sacrement qui sera chantée par tout le chœur sans verset ny oraison à la fin et la procession sera commencée sans que ledit officiant donne la bénédiction, laquelle il donnera à l'autel de Saint-Marcel, étant rentré.

11° En cas d'absence, de maladie ou de légitime empêchement du sieur curé ou vicaire perpétuel qui sera en tour, le chapitre de Saint-Marcel commettra un chanoine pour aller dans l'église de la paroisse en tour prendre le Saint Sacrement pour l'apporter à Saint-Marcel; et en ce cas les mêmes fonctions et cérémonies seront observées par ledit chapitre et par le clergé, marguillers et peuple de la paroisse que si le curé ou vicaire perpétuel de la paroisse était présent.

12° Le jour de la fête du Saint Sacrement, la paroisse qui ne sera pas en tour de se trouver à la procession de Saint-Marcel fera dans l'étendue de sa paroisse sa procession particulière, laquelle ne pourra commencer avant dix heures et pour éviter toute confusion la procession de Saint-Marcel commencera à huit heures précises et sera rentrée à dix heures.

13° Le jour de l'octave de la fête du Saint Sacrement, il n'y aura pas de procession générale ; chacune des trois églises fera sa procession particulière. Il sera libre au chapitre de faire la sienne hors de son église, auquel cas il en avertira les deux paroisses, huit jours auparavant ; elle sera rentrée pareillement à dix heures et les paroisses ne pourront commencer les leurs qu'à cette heure là ; et au cas que ledit chapitre ne fasse pas la procession hors de son église, il sera libre aux deux paroisses de commencer chacune la leur plutost que dix heures, ainsi que les autres paroisses de Paris: et les deux paroisses disposeront leurs marches de manière qu'elles ne puissent se rencontrer.

14° Les curez ou vicaires perpétuels de Saint-Martin et de Saint-Hippolyte recevront avec la croix, l'eau bénite et l'encens et avec leur clergé le chapitre de Saint-Marcel le jour de l'Ascension, et toutes les fois qu'il ira processionnellement dans leurs églises, à l'exception des stations qu'il fait à Saint-Martin le jour et dans l'octave de Pasques.

15° Le chapitre de Saint-Marcel continuera à faire prêcher dans son église aux tems de l'Avent et du Carême, aux festes et dimanches de l'année à une heure après midy et le vendredi saint le matin, sans que l'on puisse prêcher à cette heure-là dans les deux paroisses, excepté la feste du Patron de chacune desd. paroisses, laissant la liberté aux curez ou vicaires perpétuels de faire prêcher dans leurs églises le matin des jours ci-dessus marquez ou à la messe paroissiale ou l'après-midi ensuite de leurs vespres, lesquelles ne pourront commencer qu'à deux heures et demie que le sermon de Saint-Marcel doit être fini.

16° Les jours de festes et les dimanches, la messe paroissiale à Saint-Martin et à Saint-Hippolyte commencera à telle heure que le prône et l'instruction soient finies à onze heures précises, afin qu'après la messe paroissiale les peuples puissent avoir la commodité d'aller au sermon de Saint-Marcel, et suivant l'acte de délibération capitulaire dudit chapitre du jour d'hier quatrième de juin, l'on ne pourra sonner de messes basses les dimanches à Saint-Marcel depuis neuf heures et demie jusqu'à onze, pour ne pas détourner les peuples des instructions de la paroisse.

17°. . . . .

18°. . . . .

19° Au surplus, les arrests du Parlement des 14 aoust 1642 et 3 mars 1644, la sentence des requestes du Palais du 22 février 1641 aux chefs confirmés par lesdits arrêts, le jugement de notre Prédé-

cesseur du 13 avril 1688, le règlement de notre dit prédécesseur du
16 juin audit an 1688, l'accord en forme de transaction du 4 juin
mil six cent quatre-vingt-dix-sept et notre ordonnance du 5ᵉ dudit
mois de juin audit an 1697 ci-dessus mentionnez seront exécutez
selon leur forme et teneur.

20° Et sera notre présent Règlement exécuté non obstant oppositions ou appellations quelconques, sans préjudice d'icelles, à peine
de cent livres d'aumône applicables à l'hôtel-Dieu de cette ville de
Paris, payables par les contrevenans pour chacune contravention.
Donné à Paris en notre palais archiépiscopal le cinquième jour de
juin mil sept cent trois.

Signé : † L. A. Card. DE NOAILLES,

Arch. de Paris.

par son Eminence : CHEVALIER.

Les précisions infinies dans lesquelles entre le règlement que
nous venons de citer, jusqu'à interdire le son des cloches de
Saint-Marcel pendant la prédication des paroisses, ne doivent
pas nous donner à sourire. Il n'y a pas de trop minutieux
détails, quand il s'agit d'assurer l'accord entre des parties
d'humeur aussi susceptible. De fait, la paroisse Saint-Hippolyte
dut à ce règlement plus de 60 ans de bons rapports avec le
chapitre de Saint-Marcel et n'est-ce donc pas un bienfait inap-
préciable que cette longue trêve dans la querelle séculaire
dont nous avons tant de fois déploré les excès?

*
* *

Ravissar put ainsi, en toute liberté d'esprit, consacrer au
développement des œuvres de sa paroisse toutes les ressources
de son zèle et de sa charité.

Les écoles tout d'abord furent l'objet de sa sollicitude. L'école
des filles fut dotée par lui d'un nouveau local, une maison sise
rue des Trois Couronnes, la septième du côté droit en venant de
la rue Mouffetard : cette maison appartenait aux sieurs Guillaume et Jeanne Bouillerot, qui en firent donation par acte passé
le 3 mai 1706 devant Leroy, notaire à Paris (1).

____

(1) Arch. Nat. S 1925 B. — Une rente de 100 livres pour la dot d'une
fille pauvre au choix du curé fut constituée, le 11 janvier 1733, par une

Mais c'est surtout l'école de garçons qui eut besoin de son appui dévoué. Les maîtres écrivains firent effectuer en effet au mois de juillet 1704 une saisie générale dans cette école, comme dans plusieurs autres de Paris.

Le 22 février précédent ils avaient obtenu contre M. de la Salle une sentence qui lui ordonnait de ne recevoir dans ses écoles que « des enfants dont les pères sont véritablement pauvres » et de ne leur enseigner « que des choses proportionnées à la profession de leurs pères ». Or les maîtres écrivains avaient trop d'estime du noble art d'écrire pour le ranger au nombre des choses proportionnées à la profession des pauvres gens. M. de la Salle n'avait pas cru devoir tenir compte de l'interdiction détournée qui lui était faite d'enseigner l'écriture et c'est de cela que prirent occasion les maîtres écrivains pour requérir la saisie qui fut effectuée en juillet à l'école du faubourg Saint-Marcel. Ravissar n'hésita pas un instant à intervenir, conjointement avec le curé de Saint-Martin, pour revendiquer le droit de faire donner à son gré l'instruction aux enfants pauvres de sa paroisse et de choisir les maîtres chargés de les enseigner. L'affaire fut plaidée avec force par le défenseur des curés et des frères. Mais l'opinion des juges était faite. L'intervention des curés fut écartée. La sentence qui fut rendue le 29 août 1704 leur permet sans doute de « proposer telles personnes que bon leur semblera pour enseigner à écrire aux pauvres de leurs paroisses, à la charge de faire un estat des noms des pauvres enfants qu'ils enseigneront, lequel estat... sera mis es mains [du juge] à la fin de chaque mois. » Mais défense fut faite « aux frères des escolles de charité de demeurer ensemble ny de faire aucun corps de Société ny commerce jusques à ce qu'ils ayent

personne de piété « voulant exciter et engager les pauvres de la paroisse à envoyer leurs enfants dans les écoles charitables d'icelle... et les encourager à leur donner le plus d'éducation qu'ils pourront en formant un établissement dans la paroisse dont les seuls enfants qui sauraient lire et écrire pussent bénéficier ». L'acte fut passé devant Me Alleaume. La même personne de piété « qui ne veut pas être nommée » constituait le même jour une rente de 120 livres pour un catéchisme à faire aux pauvres à l'issue des vêpres ou office du soir, chaque dimanche, et une autre de 40 livres pour le médecin des pauvres de la paroisse.

Ces diverses fondations sont de M. de Jullienne, le bienfaiteur insigne de la paroisse dont nous parlerons longuement à l'occasion des embellissements de l'église Saint-Hippolyte sous le curé Delafosse. (Arch. Nat. L 655, n°s 27-30.)

obtenu des lettres patentes du Roy et icelles fait enregistrer, le tout à peine de 300 livres d'amendes et autres, portées par les édits et déclarations de sa Majesté (1) ».

Une autre épreuve, plus cruelle encore, atteignit l'école naissante et ruina le séminaire des maîtres de campagne. Le frère Nicolas Vuyard qui était le directeur de ces deux œuvres connexes, avait été constitué par Lebreton héritier des sommes qu'il avait réunies pour assurer l'existence de l'une et de l'autre. Lebreton n'avait pu en effet léguer directement cet argent à M. de la Salle qui était trop connu comme supérieur des frères et d'autre part l'Institut n'ayant pas encore de lettres patentes ne formait pas une personne morale capable de posséder légalement. Nicolas Vuyard abusa de cette disposition pour méconnaître l'autorité de M. de la Salle et lorsque le saint fondateur vint, après la mort du curé, prendre avec lui quelques arrangements au sujet de ce legs, il le congédia en déclarant que cette fortune lui appartenait et qu'il saurait bien en user conformément aux intentions du donateur. Cette conduite indigne aliéna à Nicolas Vuyard les sympathies dévouées qui l'avaient soutenu jusqu'alors. Les libéralités des bienfaiteurs prirent fin et les élèves du séminaire s'en allèrent.

Vuyard qui avait quitté l'habit religieux et rompu entièrement avec les frères, continua encore assez longtemps à son compte les petites écoles sur la paroisse Saint-Hippolyte. Un jour vint où poussé par le besoin, pressé peut-être aussi par le remords, il voulut rentrer dans l'Institut. Mais les portes ne lui en furent pas rouvertes et il mourut en 1719. Son infidélité avait causé la ruine d'une des plus admirables et des plus utiles fondations de M. de la Salle (2).

*
* *

Cette même année 1719, le pape Clément XI avait accordé une indulgence plénière aux conditions ordinaires aux fidèles qui visiteraient l'église paroissiale de Saint-Hippolyte le jour de la Dédicace de Saint-Michel.

Cette concession, en date du 2 avril, est mentionnée au bas

(1) Arch. Nat. Y 9413.

(2) Guibert, o   ge cité, p. 362.

d'une gravure de confrérie dont un exemplaire est conservé dans un précieux recueil de pièces de ce genre formé au début du XVIIIe siècle par un collectionneur parisien et qui se trouve aujourd'hui au Département des Estampes de la Bibliothèque nationale (1).

Cette gravure représente Saint Michel terrassant le démon (2).

On lit au-dessous :

« La Confrairie de Saint-Michel, Erigée par les Compagnions Tondeurs dans l'Eglise Paroissiale de Saint-Hyppolite, faubourg Saint-Marcel les Paris. Cette planche appartient aux campagnons tondeurs. »

Le même recueil contient encore une image gravée pour la confrérie du Saint-Sacrement de la paroisse Saint-Hippolyte, par F. Frappier (3).

Le motif est le suivant : Au-dessus d'un autel, un ostensoir dans un cercle de petites têtes d'anges adorateurs, — le Père Eternel et la colombe, symbole du Saint-Esprit, planant au-dessus. Au côté droit de l'autel, saint Hippolyte en costume de soldat romain, avec casque et lance, — au côté gauche, saint Laurent en dalmatique, avec le gril comme attribut.

Au-dessous, ces paroles mises dans la bouche de saint Laurent : « O Hippolyte, si vous pouvez croire en N. S. J. Ch., je vous montrerai les trésors du ciel et je vous promets la vie éternelle. » Suit une prière.

Nous possédons nous-même une troisième image de ce genre, commémorative des « pardons et indulgences plénières accordés (*sic*) par Notre Saint Père le Pape en faveur de la confrérie de Saint-Roch érigée en la paroisse royale (4) de Saint-Hyppolite, faubourg Saint-Marcel à Paris. »

Elle représente saint Roch en costume de pèlerin avec le chien

(1) Re 13, in-folio. p. 175.

(2) Dans le haut du sujet, trois écussons armoriés. — Sur le bouclier, trois forces, instrument à l'usage des tondeurs.

(3) Re 13, p. 289.

(4) Nous ignorons à quelle date la paroisse prit ce titre de « royale » que nous rencontrons ici pour la première fois et qui est d'un usage constant dans la seconde moitié du XVIIIe siècle. Le curé Delafosse dans

son inséparable compagnon. De la main gauche, aidé par un ange, il relève un pestiféré étendu demi-nu sur la paille.

**

Quels travaux importants donnèrent lieu en 1728 à la pose de première pierre que commémorait l'inscription suivante, publiée par Guilhermy dans le tome Ier de ses *Inscriptions de la France du Ve au XVIIIe siècle*, page 175?

D. O. M.

LAPIS

HIC PRIMARIUS

LUDOVICO ANTONIO DE NOAILLES

S. R. E. CARDINALI

PARISIENSIS E^{ae} ANTISTITE

REGNANTE

LUDOVICO XV

SUPERPOSITUS FUIT

PRIDIE

SACRA MARTIRI HIPOLITI

TUTELARI

XII. AUGUSTI

A. S. R.

M D CC XXVIII

Cette inscription était gravée sur une plaque de métal que l'on trouva en 1867, en opérant la démolition des derniers restes de Saint-Hippolyte. M. Vacquer, dans un rapport du 24 juin

une demande adressée au directeur des Gobelins, le 24 juin 1753, à l'effet d'obtenir quelques tapisseries pour tendre le chœur et la nef de l'église le jour de saint Hippolyte et à quelques autres grandes fêtes, allègue que dans cette paroisse « on prie spécialement pour la conservation de Sa Majesté et pour la prospérité de la famille royale. » (Arch. Nat. O¹ 2043).

Les curieux d'ancienne liturgie parisienne apprendront avec intérêt l'existence d'un petit livret de quatre feuilles sous le titre suivant : *Hymnes et prose de Saint-Hippolyte*, par M. de Santeuil, traduites par le R. P. de la Place, jacobin du grand couvent, docteur de Sorbonne. — Une note manuscrite, ajoutée à l'exemplaire que nous possédons nous apprend que l'église Saint-Hippolyte avait « pour usage particulier de chanter un psaume entier au milieu du Répons indiqué ordinairement pour les saluts du Saint Sacrement. »

de cette même année, dit qu'elle fut découverte « sous l'une des assises inférieures des chapelles ajoutées à l'édifice au siècle dernier. » Sa rédaction première était plus précise encore : « dans l'assise basse de la chapelle la moins ancienne » (1). Il semble bien alors qu'il s'agisse de cette « chapelle ronde, décorée dans le style du XVIIIe siècle » (2) qui a subsisté jusqu'en 1867 parmi les ruines de Saint-Hippolyte et qui, faisant saillie dans le plan général de l'église, est certainement la dernière en date des chapelles ajoutées à l'édifice primitif.

Cette même année 1728, Ravissar aurait fait rebâtir le presbytère proprement dit ou grand presbytère et la maison commune des prêtres ou petit presbytère. C'est du moins ce que nous trouvons affirmé dans un mémoire pour le curé Jean Delafosse, mémoire dont nous ferons surtout état dans un prochain chapitre (3).

L'un et l'autre presbytère, même après cette reconstruction, étaient d'ailleurs d'une austère simplicité. La maison du curé est « construite de telle sorte que personne ne peut demeurer avec lui : il n'y a qu'un seul appartement où il y ait des cheminées. » Les prêtres qui habitent le petit presbytère n'ont chacun qu'une simple chambre : toutefois quand le curé « les voit sédentaires et attachés à l'étude, il récompense leur assiduité en leur donnant une chambre avec un petit cabinet. » Le vicaire était logé dans la maison commune des prêtres : ne convient-il pas, dit l'auteur du mémoire, « que dans une maison habitée par plusieurs ecclésiastiques, il y en ait un, sur qui le curé puisse se reposer d'une certaine inspection qui est toujours nécessaire ? »

Le grand presbytère avait son entrée sur la rue des Marmousets : c'était le premier corps de logis après l'église et du même côté de la rue (4).

---

(1) Bibliothèque de la ville de Paris. (Papiers manuscrits de M. Vacquer.) On trouvera aux dernières pages de cette monographie d'importants extraits de ces notes.

(2) Bouvenne. *Nouvelles recherches sur l'église Saint-Hippolyte.*

(3) Bibl. Mazar. in-fol. 3318 C, n° 75.

(4) Ravissar avait joint au jardin du grand presbytère un jardin contenant un quartier ou environ de terre, qu'il avait acquis le 22 janvier 1720 de Pierre Clisson et de Françoise de la Vigne, sa femme. Ce jar-

Le petit presbytère était alors la sixième et dernière maison de la rue Pierre-Assis, du côté de l'église Saint-Hippolyte, en venant de la rue Mouffetard.

*
* *

Pourquoi faut-il que nous ayons à signaler chez un curé aussi zélé et aussi charitable, un attachement opiniâtre au jansénisme dont il ne se départit jamais.

Son nom se trouve au bas de toutes les requêtes, lettres ou mémoires, adressés au cardinal de Noailles ou à Mgr de Vintimille, son successeur, par le groupe janséniste des curés de Paris et de la banlieue.

Il ne se départit pas même à la mort, de sa funeste erreur. En effet, le jour même où il expira, le chanoine Dulac, doyen de Saint-Marcel, qui lui administra les derniers sacrements, lui ayant témoigné « à titre d'ancien ami, qu'il était bien mortifié de le voir mourir dans ses sentiments », Ravissar lui répondit « que c'était après mûre réflexion » et le doyen comprit qu'il était inutile d'insister (1).

Ravissar mourut le 5 mars 1733, à cinq heures du soir. Il fut enterré le lendemain à onze heures du matin, contre l'usage et les règlements qui ordonnaient qu'on n'enterrerait les morts de maladie que 24 heures après leur décès. L'office fut fait par l'archidiacre de Josas, malgré les remontrances du doyen du chapitre de Saint-Marcel (2).

---

din, qui dépendait d'une maison faisant l'encoignure de la rue des Marmouzets et de la rue des Gobelins, appelée la cour Boisseau, fut abandonné à la fabrique de Saint-Hippolyte par les héritiers de Ravissar, Jeanne-Nicolle Ravissar, sa sœur, et Nicolas Alexandre, son beau-frère. L'acte fut passé le 18 février 1735 devant Alleaume et Baptiste, notaires. (Arch. Nat. S 1943, fol. 6).

(1) *Nouvelles ecclésiastiques*, 1733, p. 47. — On lit dans un ouvrage anonyme publié en 1737 sur les *Convulsions du Temps*, le passage suivant qui confirme ce que nous savons des sympathies jansénistes de Ravissar :

« Rosalie est amenée au mois de février 1733 chez M. le curé de Saint-Hippolyte, Ravissar, malade à la mort ; les convulsions lui prennent dans le moment et elle assure dans cet état qu'il relèvera de sa maladie ; il en meurt quelques jours après ». Cité par Mathieu, *Histoire des miraculés et des convulsionnaires de Saint-Médard*, 2° édition, p. 306.

(2) Arch. Nat. LL 579, fol. 84.

7

Par son testament en date du 3 mars 1733, avec codicille du 5 mars, reçu par Aleaume, notaire à Paris, Ravissar léguait à la fabrique de Saint-Hippolyte « toutes sommes généralement qu'elle [pouvait] lui devoir, évaluées à 7 ou 8.000 livres », à la charge de payer à Françoise Guetton, sa servante, 200 livres de pension viagère, — de mettre en main du curé son successeur 2.000 livres une fois payées, pour être par lui distribuées aux pauvres honteux de la paroisse — et de donner aussi 100 livres une fois payées à François Hamon, son domestique, pour l'aider à apprendre un métier.

Et pour exécuter ces clauses, Ravissar fit choix de son vicaire, Pierre Heuqueville, un janséniste comme lui, à qui il fit présent en retour d'une édition en dix volumes des œuvres de Saint Augustin.

Quant au surplus des meubles et autres objets existant en sa maison, il en léguait un tiers à la fabrique de la paroisse, un tiers aux pauvres honteux, et le dernier tiers aux prêtres desservant Saint-Hippolyte au jour de son décès (1).

----

(1) Archives de la Seine. Insinuations, registre n° 222. — Les prêtres desservant la paroisse au décès de Ravissar, étaient :

MM. Heuqueville Pierre, vicaire, dont nous aurons occasion de reparler.

De Chavannes (Jean-Baptiste-Domenchin), de Paris. sacristain, qui fut vicaire sous les curés Duval et Delafosse. L'abbé Jean-Baptiste de Chavannes était sans doute proche parent de Pierre-Salomon-Domenchin de Chavannes, peintre ordinaire du Roi et membre de l'Académie royale de peinture, qui, par son testament reçu le 14 novembre 1744 par Me Vatry, léguait au curé Delafosse une « pendule sonnante dans sa boîte de bois de chesne » avec trois cents volumes à son choix et donnait le surplus de sa bibliothèque au vicaire de Saint-Hippolyte alors en fonctions. (Arch. de la Seine, Insinuations, reg. 231, fol. 141).

Leleu Jacques, prêtre habitué qui quitta le service de la paroisse avant le 18 juillet 1735.

Fassot Jean-Baptiste, aussi prêtre habitué.

Durand Guillaume-Ignace, du diocèse de Paris, prêtre habitué, qui était chanoine de l'église abbatiale de Moissac au 26 septembre 1735. (Arch. Nat. S 3371.)

CHAPITRE XI

LES DERNIERS CURÉS DE SAINT-HIPPOLYTE

—————

Denis Duval (1733-1737). — Activité féconde de son successeur, Jean Delafosse. — Les artistes des Gobelins et la charge de marguillier. — La question des inhumations. — Encore les confréries. — Décoration de l'église, due pour la plus grande partie à la générosité du célèbre amateur Jean de Jullienne et de sa femme. — Le curé Guillaume Bruté : comment sa rare énergie se consume d'abord en luttes stériles contre le chapitre.

Le lendemain de la mort de Ravissar, le chapitre de Saint-Marcel s'étant réuni pour procéder à la désignation de son successeur, le chanoine Trevet, se prétendant en tour, déclara, malgré l'opposition qui lui en fut faite par huissier à la requête du doyen, nommer à la cure de Saint-Hippolyte Pierre Heuqueville, prêtre de Paris, déjà vicaire à la paroisse. Le sujet présenté fut écarté à la pluralité des voix.

Trois jours après, nouvelle réunion du chapitre qui cette fois porte son choix sur Sébastien Geoffroy, prêtre de Paris, maître es-arts, premier vicaire de Saint-Merry (1).

Protestations de Pierre Heuqueville qui le 13, se présente chez l'archevêque et requiert son intervention. Mais Mgr de Vintimille, reconnaissant un vicaire qu'il avait nommément interdit le 6 février 1730 pour son opposition à la Bulle Unigenitus, ne se souciait guère d'agir en sa faveur. Il lui dit « que tous les jours il recevait des mémoires contre lui, soit de la cour, soit de la ville, soit du fauxbourg; qu'il ne pouvait le regarder autrement que comme un boute-feu qui avait inspiré au défunt curé

(1) Arch. Nat. LL 579, ff. 82 et 83.

toutes les démarches qu'il avait faites et qui était capable de déranger toute cette paroisse » (1).

Cependant le vicaire de Saint-Merry avait décliné toute nomination à Saint-Hippolyte. Le chapitre nomma alors le 16 mars, Denis Duval, prêtre du diocèse de Paris, docteur de la maison de Navarre et vicaire de la Madeleine en la Cité, qui accepta.

Heuqueville se pourvut devant le Parlement par une requête du 15 avril 1733 et adressa coup sur coup, les 21 et 23 du même mois, deux sommations à l'archevêque de Paris pour en obtenir des lettres de provisions. Ce fut peine perdue. Le roi évoqua l'affaire à son conseil, en alléguant comme précédent que le conseil avait jadis pris connaissance d'un différend entre les chanoines de Saint-Marcel et ceux de Saint-Victor. Le jugement définitif fut rendu le 23 septembre même année : Heuqueville était débouté de son opposition et condamné aux dépens (2).

Dans le court espace de temps que Duval resta à la tête de la paroisse Saint-Hippolyte, il ne put guère que préparer et amorcer pour ainsi dire les différents travaux d'embellissements qui se poursuivirent sous ses deux successeurs et qui changèrent si complétement la physionomie de l'église.

Il mourut, à 51 ans, le 7 octobre 1737, vers 3 heures du matin. Le même jour, le chapitre désignait pour lui succéder Jean Delafosse, prêtre du diocèse d'Amiens, docteur de Sorbonne qui eut dès le lendemain ses provisions de l'archevêché et prit possession le 13 octobre (3).

Jean Delafosse, tonsuré le 29 mars 1711, maître-es-arts le 2 septembre 1716, puis chanoine de la collégiale de Saint-Firmin de Montreuil, diocèse d'Amiens, et professeur de rhétorique au collège du Cardinal Lemoine, avait 42 ans lorsqu'il fut nommé

(1) *Nouvelles ecclésiastiques*. Avril 1730, p. 3 et 1733, p. 47.

(2) Arch. Nat. V⁷ 485 et *Nouvelles ecclésiastiques*, 8 mai 1733, p. 71.

(3) Arch. Nat. LL 579, ff. 199-200.

à la cure de Saint-Hippolyte qu'il devait occuper pendant près d'un tiers de siècle (1).

Comme son prédécesseur, il eut d'abord à se défendre contre les prétentions de l'ex-vicaire Heuqueville, qui fit opposition à sa prise de possession.

L'affaire fut une fois encore évoquée devant le conseil du roi qui par un arrêt du 27 février 1739 débouta Heuqueville de son opposition et le condamna à payer 80 livres à Delafosse, 20 livres au chapitre, plus les frais de jugement (2). L'instruction avait été longue, on le voit : mais comme la recréance avait été accordée à Delafosse, il avait pu remplir ses fonctions pendant la durée du litige (3).

Divers marguilliers, qui avaient épousé les intérêts du sieur Heuqueville, cherchèrent alors à créer à Delafosse toutes sortes de difficultés au sujet de sa gestion paroissiale. Celui-ci produisit pour sa défense un mémoire qui a été conservé dans un recueil de la Bibliothèque Mazarine et dont le titre complet nous fait connaître les partisans de l'ancien vicaire :

Mémoire signifié pour Me Jean de la Fosse, prêtre, docteur de Sorbonne, curé de Saint-Hippolyte à Paris, demandeur et défendeur.

Contre Jean-Baptiste Martin, peintre, Jean Girault, taillandier, Jean Le Breton, épicier, et Martin Salle, carrier, anciens marguillers de ladite Eglise, lesquels étaient en exercice dans les années 1741 et 1742, défendeurs et demandeurs.

Et encore contre Pierre Bedel, teinturier, André Aclocque, brasseur, et autres, au nombre de onze, tous anciens marguillers de la dite Église, demandeurs en intervention et en lettres de rescission (4).

Le Parlement devant la juridiction duquel l'affaire avait été portée donna tort toutefois au curé et par un arrêt du 3 août 1748 accorda toutes les demandes des fabriciens.

(1) Arch. Nat. LL 578, f. 84 et LL 579, ff. 9 et 165. — Le nouveau curé signait Delafosse en un seul mot.

(2) Arch. Nat. V⁷ 485.

(3) Bibl. Mazar. in-f. 3318 C, n° 75.

(4) Bibl. Mazar. in-f. 3318 C, n° 75.

Il n'y a pas lieu d'être autrement surpris de ces tracasseries mesquines ou de ces oppositions tenaces des marguilliers envers leur curé, dont l'histoire des paroisses sous l'ancien régime nous offre de trop fréquents exemples. Le moyen en effet d'apporter un esprit large et conciliant dans l'exercice d'une charge assumée souvent de mauvaise grâce? Or, on n'était pas libre alors d'accepter ou de refuser ces fonctions, ceux qui voulaient s'y soustraire pouvant être contraints par voie de justice à les remplir.

****

Les artistes des Gobelins furent pourtant assez habiles sous Delafosse pour se faire exonérer de l'obligation du marguilliage.

Déjà, du temps de Ravissar, plusieurs avaient fait difficulté de ratifier leur élection : ainsi en 1730, les sieurs Lefebvre et de Neufmaison, et en 1731, le sieur Chastelain. Mais ils y avaient été contraints, paraît-il, par Mgr le duc d'Antin.

Audran en 1737 et Cozette en 1746, trop occupés par leurs travaux, avaient accepté le titre, mais s'étaient trouvé, moyennant rétribution, un remplaçant pour remplir la charge.

L'orfèvre du roy, Vallayer, élu en 1753, protesta avec éclat : il signa cependant sa nomination et s'il ne géra point, c'est qu'environ trois mois après, le temps fixé pour l'obtention de sa maîtrise étant expiré, il quitta les Gobelins (1).

Le sieur Nicolas Marie Villot, exploitant de la brasserie privilégiée des Gobelins (2), refusa en 1760, mais il fut contraint par

---

(1) Arch. Nat. O¹ 2043 et 2045.

(2) « Les ouvriers [de la manufacture] dans l'origine étaient presque tous flamands et habitués à la bière. » (Arch. Nat. O¹ 2045). — Le suisse des Gobelins donnait aussi à boire, comme il paraît par une lettre du 14 juillet 1778 datée de Conflans, où l'archevêque de Paris se plaint que ledit suisse « donnait à boire pendant le temps des offices, dimanches et festes, malgré les lettres patentes du Roi, confirmatives de son mandement pour la suppression de quelques fêtes et le renouvellement des anciennes ordonnances de police concernant la sanctification des jours consacrés au Seigneur. » L'administration donna des ordres pour que cet abus prit fin car « les privilèges des suisses des maisons royales les exemptent à la vérité de certains droits et des visites des commis de la ferme », mais ce privilége ne s'étend nullement « à violer des règlements de discipline et de police, comme l'est celui de ne point ouvrir les cabarets pendant le temps des offices ». (Arch. Nat. O¹ 2048). — Les contraventions pour travail pendant les offices n'étaient pas rares à

une sentence du Châtelet à accepter sa nomination et condamné de plus à tous les dépens de la procédure.

C'est le sieur Neilson, entrepreneur des tapisseries des Gobelins, élu marguillier le 24 juin 1761, qui provoqua une décision de principe et fit trancher définitivement le différend en faveur des artistes de la Manufacture.

En vain le curé et la fabrique de Saint-Hippolyte représentèrent-ils « que si par un nouveau règlement, on [voulait] soustraire M^{rs} des Gobelins à la charge de marguillier, [c'était] priver la paroisse de la ressource la plus abondante qu'elle [eût] pour trouver des sujets en état et capables d'en administrer les revenus. »

En vain observèrent-ils que cette exemption, si elle avait lieu serait une innovation et contreviendrait entièrement « à l'usage ancien et pratiqué sans interruption depuis l'établissement de la Manufacture royale » (1).

Le sieur Neilson invoqua l'article 13 de l'édit du roy du 21 décembre 1667, ainsi conçu : « Seront lesdits ouvriers, pen-

---

cette époque : nous citerons, comme ayant été portée sur le territoire de Saint-Hippolyte, celle que dressa en 1766 le procureur fiscal de Montrouge, un jour qu'étant en course de police, assisté de maître Terrier, greffier, il avait trouvé un grand nombre de blanchisseurs et de blanchisseuses dans le clos Payen, lavant et faisant laver leur linge pendant la grand'messe.

(1) « Ce qui git en preuve et est constaté par les registres des délibérations suivant lesquelles appert que, sans distinction d'état, les cy-après ont été nommés et ont géré en cette qualité, savoir en
1667 M. Le Brun, directeur général des manufactures royales.
1671 Kerchove, teinturier du Roy.
1673 Mozin, entrepreneur de haute-lisse.
1677 Prou, menuisier du Roy.
1679 Cussi, ébéniste et fondeur du Roy.
1682 Tuby, sculpteur du Roy.
1683 Branchi, lapidaire du Roy.
1706 Cousin, brasseur des Gobelins.
1713 Audran, peintre et graveur du Roy.
1716 Janse, entrepreneur de haute lisse.
1717 Lechaudel, menuisier du Roy.
1722 Sachy, menuysier du Roy.
1725 Villers, orfévre du Roy.
1727 Martin, peintre de batailles et professeur de l'Académie.
1728 Le Clerc, peintre et professeur de l'Académie.
1728 Chavanne, peintre du Roy.
1729 Lefebvre, entrepreneur de haute lisse.
1729 La Croix, entrepreneur de haute lisse.

dant qu'ils seront actuellement employez dans les Manufactures, exempts de tutelle, curatelle, guet et garde de ville et autres charges publiques et personnelles, sans qu'ils puissent estre contraints de les accepter, sinon de leur consentement. »

L'affaire fut jugée en la prévôté de l'Hôtel le 14 août 1761 et la nomination de Neilson fut déclarée nulle. Les artistes des Gobelins, en conséquence de ce jugement, étaient libres désormais d'accepter ou de refuser la charge de marguillier à Saint-Hippolyte (1).

***

D'heureuses mesures furent prises sous Delafosse et aussi d'importants travaux exécutés sous son administration, pour assurer dans des conditions meilleures que par le passé le service des inhumations.

On sait combien nos pères, dans leur foi profonde, prisaient la faveur de reposer après leur mort dans l'intérieur des églises. Le nombre des personnes qui furent ainsi inhumées à Saint-Hippolyte est certainement considérable. Ne restait-il plus guère de place libre en 1757 ou voulut-on donner satisfaction aux alarmistes qui dénonçaient le danger de ces inhumations pour la santé publique, nous ne savons. Du moins, le 11 décembre 1757, la fabrique de Saint-Hippolyte arrêta qu'il ne serait plus fait

1730 Neufmaison, peintre et vernisseur.
1731 Châtelain, inspecteur et peintre.
1731 Montmerquet, entrepreneur de haute et basse lisse.
1733 Le Blond, entrepreneur de basse lisse.
1735 Kerchove, teinturier du Roy.
1737 Audran, entrepreneur de haute lisse.
1739 Fontaine, M° serrurier du Roy.
1740 Martin, peintre de batailles.
1741 Hallé, orfèvre.
1746 Cozette, teinturier.[?]
1751 Le Boitteux, orfèvre.
1752 Dequoy, peintre.
1753 Vallayer, orfèvre-bijoutier.
1756 Bethon, peintre.
1757 Tremblin, peintre.
1758 Lanier, tapissier.
1760 Villot, brasseur des Gobelins.
(A. N. O¹ 2045). — Lettre du 14 juin 1791 du curé et des marguilliers de Saint-Hippolyte à M. le marquis de Marigny.

(1) Arch. Nat. O¹ 2045.

JEAN DE JULIENNE

Chevalier de l'Ordre de Saint-Michel, Amateur honoraire de l'Académie Royale
de peinture et de sculpture, bienfaiteur insigne de l'église Saint-Hippolyte
(1686-1766)

(Gravé par Baléchou, d'après de Troy.)

d'inhumation dans l'église (1), « mais seulement dans la cave qui existait alors sous ce qu'on appelle les charniers, partie qui forme un avant-corps à la chapelle de la Communion » (2). Et comme cette cave devait se trouver bientôt sans doute insuffisante, l'assemblée du 8 janvier suivant décida la construction d'une « nouvelle cave, qui s'étendant sous le jardin de la communauté des prêtres, aurait ses soupiraux par ce jardin. » Cette nouvelle cave, qui fut aussitôt entreprise par le maître maçon Vallet, avait, comme l'ancienne, 30 toises au moins de superficie. Une dizaine de corps au plus étaient déposés chaque année dans ces caveaux (1).

Pour les paroissiens moins fortunés, la fabrique possédait primitivement un cimetière contigu à l'église et lui appartenant en propre. Dès avant 1645 toutefois, les inhumations avaient lieu dans un cimetière commun à Saint-Martin et à Saint-Hippolyte, car il était consigné dans les registres de Saint-Martin que, le 2 février 1645, permission avait été donnée à un sieur Mithal « d'étendre ses draps dans le cimetière Saint-Martin et Saint-Hippolyte » (3). Ce cimetière, d'une superficie de 256 toises, était situé dans l'enclos Saint-Marcel, tenant « au midy à la rue de la Reine Blanche, dans laquelle vis-à-vis le mur dud. cimetière [étaient] quelques bâtiments servant à la fabrique des draps du sieur de Jullienne, et entouré au nord, au levant et au couchant, par des jardins spacieux dépendant des maisons canonialles du chapitre de Saint-Marcel ». Jusqu'en 1764, on se contentait d'ouvrir au commencement de l'hiver une fosse commune de 6 pieds carrés sur douze de profondeur, qui suffisait alors pour les enterrements des deux paroisses (environ 40 corps) et que l'on recomblait à la fin de la saison. Le reste de l'année, on ouvrait des fosses pour 4 ou 5 corps seulement. Or le 22 janvier 1764, le curé et les marguilliers arrêtèrent qu'à l'avenir il serait fait une fosse à part pour

(1) Réserve faite évidemment des sépultures de famille déjà concédées, pour les membres de ces mêmes familles.

(2) On appelait *charniers* non seulement les lieux où l'on déposait les corps des défunts, mais encore les galeries autour des églises, où l'on donnait la communion aux grandes fêtes. (Littré. *Dictionnaire de la langue française*, t. I, p. 567.)

(3) Bibl. Nat. Mns. coll. Joly de Fleury 1208, f. 186 et suiv. Nous serions infinis si nous voulions citer tous les noms qui nous sont connus des paroissiens de Saint-Hippolyte qui furent inhumés dans l'église

chaque sépulture, même d'enfant ou de charité, et que cette fosse serait recomblée à l'instant même (1).

La fabrique de Saint-Hippolyte était en droit de penser que ces diverses mesures donnaient toutes les garanties désirables pour la santé publique, lorsque fut rendu le 21 mai 1765 l'arrêt de la cour du Parlement de Paris, réglant la question des sépultures pour l'ensemble des paroisses parisiennes.

Cet arrêt défendait de faire désormais aucune inhumation dans les églises, soit paroissiales soit régulières, « si ce n'est celle des curés ou supérieurs décédés en place», à moins qu'il ne fût payé à la fabrique la somme énorme de deux mille livres pour chaque ouverture de fosse. Les marguilliers de Saint-Hippolyte firent justement observer à ce propos qu'un siècle ne verrait pas deux riches dans la paroisse, dont la succession pût supporter pareille dépense. Quant aux inhumations dans les chapelles et les caveaux, l'arrêt déterminait qu'elles ne pourraient plus avoir lieu « que pour les fondateurs ou leurs représentants et pour ceux des familles qui en sont propriétaires ou sont dans une possession longue et ancienne d'y avoir des sépultures et ce, à

même ou dans les caveaux. Signalons seulement quelques sépultures dont nous connaissons l'emplacement précis.

Dans le chœur.

Le curé Denis Perreau, devant le maître-autel.
Le curé Charles Coulon, du côté droit.
Le curé Jean Blondel.
Claude de Villers, orfèvre du roy, 16 juin 1705.

Dans la chapelle de la Sainte-Vierge.

Jean de Vitry, marchand teinturier, environ 1677.
Sébastien le Clerc, graveur ordinaire du roy, 26 octobre 1714.

Dans la chapelle Saint-Michel.

Jean de Jullienne, au pied de l'autel, 21 mars 1766.
Madame de Jullienne, 17 mai 1778.

Dans la rotonde à droite du chœur.

Le fils de M. Leprestre de Neubourg, 19 octobre 1774.

Dans la tour du chœur.

Charles Simonneau, graveur du roy, 23 mars 1728.

Dans les Charniers.

Louis Ovis de la Tour, tapissier du roi, 27 octobre 1734.

(1) Bibl. Nat. Mns. Collection Joly de Fleury 1207, f. 304.

charge d'y mestre les corps dans des cercueils de plomb et non autrement. »

Ce n'est pas tout.

L'article 11 de l'arrêt ordonnait qu'à partir du 1er janvier 1766, les corps des paroisses Saint-Martin et Saint-Hippolyte fussent portés dans un dépôt mortuaire qui serait établi à Saint-Médard, en attendant leur transfert dans un cimetière.

Le cimetière commun de Saint-Martin et Saint-Hippolyte devait d'ailleurs être abandonné et par son article 12, l'arrêt qui décidait la création de huit cimetières hors Paris pour toutes les paroisses de la capitale, désignait pour la paroisse Saint-Hippolyte le cimetière devant être établi au-dessus de la demi-lune du nouveau boulevard allant au chemin de Vitry, actuellement place d'Italie, à l'aboutissement précis du boulevard de la Gare.

Disons de suite que le projet de création de huit vastes nécropoles n'obtint pas même un commencement d'exécution avant la fin du XVIIIe siècle. Saint-Hippolyte et Saint-Martin continuèrent donc, après l'arrêt comme avant, à faire les inhumations dans leur cimetière commun de l'enclos Saint-Marcel. Les deux paroisses en auraient probablement usé jusqu'à la Révolution, sans les plaintes de quelques habitants secrètement poussés par le chapitre, qui obtinrent du lieutenant général de police au Châtelet de Paris une ordonnance de fermeture, rendue le 23 décembre 1783. Les curés des paroisses intéressées eurent beau se pourvoir devant la grand'chambre du Parlement. L'ordonnance de fermeture devint définitive par arrêt du 31 mars 1785.

Les deux paroisses firent depuis lors leurs inhumations dans le cimetière Sainte-Catherine, récemment créé à côté de celui de Clamart et qui recevait déjà les morts de toutes les paroisses de la Cité, de Saint-Jacques de la Boucherie, de Saint-Leu, de Saint-Sauveur et des Saints-Innocents (1).

*
* *

L'avocat général Joly de Fleury, qui nous a conservé dans ses papiers la série complète des rapports des paroisses parisiennes

(1) Bibl. Nat. Mns. *Coll. Joly de Fleury* 1209, f. 206-210.

sur cette question des inhumations et des cimetières, avait réuni pareillement de précieux documents sur les confréries des églises de Paris vers le même temps.

Or voici les confréries indiquées pour Saint-Hippolyte dans un registre faisant partie de cette collection et dressé en 1761 par un sieur de la Genetière, aux ordres du procureur général, en conséquence d'un arrêt du Parlement du 9 may 1760 (1).

(Cet arrêt portait obligation pour les paroisses de déclarer leurs confréries, congrégations ou associations, avec les actes dont elles s'autorisaient).

PAROISSE SAINT-HIPOLYTE

Saint-Hipolyte. — Déclaration produite.

Saint-Sacrement. — De tems immémorial. Mention de deux arrêts de la cour en faveur des gouverneurs de la confrérie, non produits (2).

La Très Sainte-Vierge. — Une bulle non produite.

Saint-Roch et Saint-Sébastien.

Saint-Barthélemy, pour les taneurs.

Saint-Maurice, pour les teinturiers.

Saint-Honnoré, pour les boulangers.

Saint-Michel, pour les tondeurs (3).

***

(1) Bib. Nat. Mns. Coll. Joly de Fleury 1590 et 1591.

(2) Un de ces arrêts est sans doute celui du 3 juillet 1755, ordonnant que les gouverneurs de la confrérie du Saint-Sacrement et ceux de la confrérie de la Sainte-Vierge seront tenus de fournir toute la cire nécessaire pour les offices ou services qui leur sont spéciaux et vingt sols par service pour indemniser la fabrique du prêt des ornements, mais qu'aux processions ils marcheront immédiatement après le curé de la paroisse, en manteaux et rabats, et précédés d'un bedeau de la confrérie (ibid. 1586, f. 159).

La confrérie du Saint-Sacrement célébrait la fête de son institution le 2ᵉ dimanche de juillet, jour de la procession solennelle dont nous avons déjà parlé.

(3) Nous ignorons pour quel motif il n'est pas question dans cet état de la confrérie de Sainte-Geneviève, pour les tapissiers. Cette confrérie qui avait sa fête le 3 janvier est signalée à Saint-Hippolyte par *l'almanach spirituel* de 1759 et elle y subsista jusqu'à la suppression de la paroisse.

L'intérêt des diverses indications qui précédent s'efface toutefois devant ce qui nous reste à signaler comme ayant été le grand œuvre de l'administration de Delafosse : nous voulons parler de la décoration artistique de l'église Saint-Hippolyte, jusque là bien modeste et presque pauvre et qui fut alors toute renouvelée intérieurement et richement ornée.

Delafosse fut aidé dans cette entreprise par les largesses de l'abbé de Lowendal, frère du maréchal de France et doyen du chapitre de Saint-Marcel (1).

Mais l'appui le plus précieux lui fut donné par le célèbre manufacturier Jean de Jullienne, si connu comme ami et protecteur de Watteau, et par sa femme, née Marie Louise de Brecey.

Nous devons plus qu'une brève mention à ces généreux bienfaiteurs, car nul n'a plus fait qu'eux pour l'embellissement de l'église Saint-Hippolyte, où le regard ne pouvait se lever d'aucun côté sans apercevoir des preuves de leur inlassable générosité.

Jean de Jullienne, né le 29 novembre 1686 sur la paroisse Saint-Hippolyte, était fils de Claude de Jullienne et de Marie-Madeleine Daniel. Il avait succédé à ses oncles, Jean Gluck et François de Jullienne, dans la direction de leurs importantes manufactures de teinturerie et avait hérité en particulier de leur bel hôtel de la rue des Gobelins (2).

Jean de Jullienne épousa en 1720 Marie-Louise de Brecey, fille de Martin de Brecey, écuyer, sieur de la Sepmondière et de dame Françoise Bourdin, dont il eut quatre enfants : Jean, François,

---

(1) Piganiol de la Force, *ouvrage cité*, t. V, pp. 228-229. — Ulrich-Frédéric, baron de Lowendal, qui mourut doyen de l'église de Saint-Marcel le 12 juillet 1754, était né le 22 juillet 1694. Chambellan du roi de Pologne, il avait épousé le 11 novembre 1720, Guillemine-Ferdinande-Elisabeth Wolfgang de Kreuten, qui mourut le 25 novembre 1727. Dans son veuvage, il se fit catholique, reçut les ordres et fut nommé abbé de la Cour-Dieu et vicaire-général d'Orléans en 1746. — Un portrait de l'abbé de Lowendal, par Tocqué, figura au salon de 1748, sous le n° 55.

(2) Les restes de cet hôtel, occupés aujourd'hui par une crèche, se voient encore dans la cour du n° 3 de la rue des Gobelins. Cet hôtel avait été acheté le 19 février 1686 par Jean Gluck, qui avait importé de Hollande un nouveau procédé de teinturerie, grâce auquel il réalisa bientôt une grande fortune. Jean Gluck avait épousé Marie-Charlotte, sœur de François de Jullienne dont il fit son associé. François de Jullienne survécut à son beau-frère et mourut le 15 février 1733, à l'âge de 79 ans.

Daniel et Marie-Françoise, tous morts avant lui (1).

Le haut degré de perfection où il avait porté les manufactures établies par ses oncles et la probité avec laquelle il les conduisait, lui valurent d'être anobli par lettres patentes du roi du mois de septembre 1736 et, trois mois plus tard, d'être créé chevalier de l'ordre de Saint-Michel avec dispense de deux degrés de la noblesse requise par les statuts de cet ordre.

Les armes réglées pour les de Jullienne par le juge d'armes de France étaient : d'azur à un chevron d'or, accompagné de trois tiges de julienne d'argent, fleuries de même, tigées en feuille de sinople : l'écu timbré d'un casque de profil (2).

Or voici, d'après un inventaire du temps (3), l'énumération des présents faits à l'église Saint-Hippolyte par Jean de Jullienne et par sa femme :

Dix des grands tableaux, représentant la vie de Saint Hippolyte, qui décorent l'église d'une façon uniforme (4).

Le tableau de la chapelle de la Sainte-Vierge.

Le tableau de la chapelle de Saint-Roch.

Le tableau représentant la Religion, élevé au dessus de la chaire.

Le tableau représentant la Sainte-Famille, placé sur le mur derrière la chaire.

Le tableau du maître-autel ragrandy et réparé à ses frais.

Le tableau de l'autel de Saint-Michel, remis à neuf aussi à ses frais.

L'autel du chœur ; la peinture, dorure et réparation de toute l'architecture du retable.

Le tableau transparent qui masque jusqu'à la voûte l'irrégularité de l'édifice.

Les grilles de la façade du chœur.

La peinture et dorure des mêmes grilles, de celles d'autour du chœur et de toutes les autres grilles de l'église.

La peinture des stalles.

(1) Le contrat de mariage fut passé le 9 mai 1920 devant Limacier et Bouron, notaires au Châtelet de Paris.

(2) De Lachenaye Desbois, *Dict. de la noblesse*, 2ᵉ édition, t. VIII, 1774.

(3) Arch. Nat. S* 3771.

(4) La colloction des tableaux représentant la vie de saint Hippolyte n'était pas achevée à la mort de Delafosse et fut complétée sous son successeur.

Le pavé du sanctuaire et du chœur en blanc et en noir.

Les autels avec la décoration, boiserie, peinture et dorure des chapelles de la Sainte-Vierge, Saint-Michel, Sainte-Geneviève et Saint-Roch.

La chaire et la rampe de l'escalier de la chaire.

La boiserie dont est revêtue la place de l'ancienne chapelle de Sainte-Geneviève.

La plus grande partie de la boiserie de la chapelle de la Communion.

Les deux bancs à côté de la grande allée du chœur.

Le marchepié près les degrés de l'autel du chœur.

La dorure du grand soleil de bronze.

La dorure, la croix et la rozette de diamant du soleil de vermeil, évalués à 5.000 livres. [C'étaient la croix et la rozette qui enrichissaient le collier de Mme de Jullienne].

Neuf ornements pour les basses messes.

Faut-il être surpris, après cela, que le curé et les fabriciens de Saint-Hippolyte aient pu déclarer en 1765, dans un rapport officiel, que les embellissements de l'église Saint-Hippolyte « sans lesquels elle paraîtrait encore ce qu'elle était il y a dix ans » étaient dus surtout à la générosité de M. de Jullienne, marguillier d'honneur, « à qui ses bienfaits sans nombre ont acquis dans toute la paroisse l'affection la plus sincère et une éternelle reconnaissance » (1).

Jean de Jullienne mourut le 20 mars 1766 et fut inhumé le lendemain dans l'église qu'il avait tant aimée, au pied de l'autel de la chapelle Saint-Michel (2).

Par son testament reçu le 25 mai 1764 par Me Bouron, il léguait à la fabrique de Saint-Hippolyte mille livres une fois payées et quinze cent livres une fois payées aux pauvres de ladite paroisse (3).

Sa veuve lui survécut environ douze ans. Elle fut inhumée le 14 mai 1778 près de son mari, dans sa sépulture de Saint-Hippolyte (4).

(1) Bibl. Nat. Mns. Collection Joly de Fleury 1208, f. 186 et suiv.

(2) Voir l'acte de décès, *Nouvelles archives de l'art français*, 1897, p. 38.

(3) Arch. de la Seine. Insinuations, registre 247, f. 107-110.

(4) Affiches de Paris du 21 mai 1778. — Le portrait de Jean de Jullienne, dont nous donnons une reproduction, est celui qui fut gravé

Par son testament, reçu le 28 février 1774 par Dupré jeune, notaire à Paris, elle laissait mille livres une fois payées aux pauvres de Saint-Hippolyte et remettait à la fabrique de la paroisse une somme de 6.000 livres qu'elle lui devait, à charge de payer une rente viagère de 300 livres au vicaire Charles-François Magnelin et de faire dire à perpétuité deux messes pour le repos de son âme et de l'âme de son mari (1).

La seule énumération que nous avons faite des présents dus à la libéralité de M^r et de Mme de Jullienne suffit à nous montrer toute l'étendue des embellissements opérés à Saint-Hippolyte sous Delafosse. Le détail des œuvres d'art qui prirent place alors dans l'église sera indiqué prochainement dans les pages que nous consacrerons à la décrire, telle qu'elle se trouvait au jour de sa désaffectation.

*
* *

Delafosse mourut le 16 août 1769, à 74 ans. L'*Almanach royal* de cette même année nous apprend qu'il était alors sous-doyen des curés de Paris.

Ses obsèques amenèrent une fois de plus un conflit entre l'archidiacre de Josas et le chapitre de Saint-Marcel. Le convoi annoncé pour 11 heures ne commença qu'à 2 heures et la levée du corps fut faite par l'archidiacre, malgré l'opposition du doyen et des chanoines (2).

Par les sympathies dévouées qu'il sut se concilier, et par les grands travaux de décoration auxquels il présida, Delafosse mérite de prendre place parmi les curés qui ont le plus fait pour

par Baléchou, d'après de Troy. D'après Portalis et Béraldi (*les graveurs du* xviiie *siècle*, t. I, p. 82.) Baléchou aurait aussi gravé le portrait de Mme de Julienne d'après de Troy. Cette gravure ne se trouve pas dans les cartons de la galerie des Estampes à la Bibliothèque Nationale et aucun des amateurs que nous avons pu interroger n'en a vu un exemplaire. Le portrait original de Jean de Jullienne, peint par de Troy, se trouve aujourd'hui au musée de Valenciennes. La ville de Valenciennes en avait fait l'acquisition à la vente par suite de décès du général Despinoy, en même temps que d'un portrait de femme du xviiie siècle. Ces deux tableaux sont de mêmes dimensions (haut. 0^m90, larg. 0^m72). Or, ils étaient présentés à cette vente comme les portraits du peintre Van Loo et de sa femme. Le second portrait ne serait-il pas celui de Madame de Jullienne ?

(1) Arch. de la Seine. Insinuations, registre 257, ff. 163 et 164.

(2) Arch. Nat. LL 581. f. 80 et Bibl. Mazar. A 16558, p. 20 et p. 38.

la prospérité de Saint-Hippolyte, à côté de l'ancien Triboular, d'Eustache Savary et de Michel Lebreton

***

Ce n'est pas sans mélancolie que nous écrivons maintenant le nom de Jean-Joseph-Guillaume Bruté, successeur de Delafosse, car c'est le nom du dernier curé de Saint-Hippolyte, du pasteur qui eut la tristesse d'assister à la fermeture des portes de la vieille église et qui vit la chère paroisse brutalement supprimée sans égard pour ses longs siècles d'existence et de bienfaits.

Guillaume Bruté était né le 6 mai 1725, à Paris, d'une famille qui a fourni à l'église plusieurs hommes distingués : Messire Jean Bruté, curé de Saint-Benoît et plus tard Mgr Gabriel Bruté, premier évêque de Vincennes aux Etats-Unis (1).

Le futur curé de Saint-Hippolyte était docteur en théologie, lorsque le 9 mars 1756 il fut élu doyen de la collégiale Notre-Dame de Montereau, en remplacement du sieur Prudent, démissionnaire. Son élection fut confirmée le 18 mars par l'archevêque de Sens et il prit possession le 9 avril (2).

Il avait résigné après quelques années cette dignité en faveur de Claude Bodin, prédicateur de la reine, et il était chanoine et curé de l'église collégiale et paroissiale de Saint-Fargeau, dans l'Yonne, lorsque le 4 septembre 1769 il fut nommé à la cure de Saint-Hippolyte, vacante par la mort de Delafosse, dont il prit possession le 11 du même mois (3).

Le nouveau curé eut bientôt gagné le cœur de ses paroissiens et nous en avons une preuve dans ces lignes du *Journal* de Hardy, relatives à une maladie contractée par Bruté au chevet de la comtesse d'Harcourt, qui mourut le 3 mai 1780, en son hôtel de la rue de Grenelle.

(1) Le père de Jean-Joseph-Guillaume Bruté était sans doute le Joseph-Guillaume Bruté, ancien inspecteur des manufactures qui mourut au presbytère de Saint-Hippolyte le 8 août 1770 (*Affiches* du 9). Jean Bruté, curé de Saint-Benoît, était l'oncle du curé de Saint-Hippolyte et le grand oncle de l'évêque de Vincennes.

(2) *Invent. sommaire des archives de Seine-et-Marne*, t. IV, p. 354.

(3) Arch. Nat. S 3371, n° 161.

M. Bruté, « ayant passé deux jours auprès d'elle pendant sa maladie, était tombé malade d'une espèce de fièvre putride qui donnait à ses paroissiens des inquiétudes d'autant plus vives que ce pasteur avait mieux seu se concilier leur estime et leur amour ; mais ces inquiétudes se [dissipèrent] heureusement par une prompte convalescence (1) ».

Un autre passage du même *Journal* nous apprend que Bruté était homme pourtant à se montrer ferme et implacable, lorsque des mesures de rigueur lui paraissaient nécessaires pour sauvegarder la foi de ses paroissiens. Nous résumons ce passage d'autant plus volontiers que des incidents de ce genre sont assez symptomatiques aux approches de la Révolution.

Voici donc ce que note Hardy à la date du 22 avril 1779 :

M. Bruté, curé de Saint-Hippolyte, porte plainte devant M. Lenoir, lieutenant-général de police, contre une femme connue sous le nom de dame sainte Catherine, qui voulait se mêler de prophétiser la venue prochaine du Messie, dont elle s'annonçait comme la future mère, se disant enceinte de six mois. On prétendait qu'elle avait fait au moins 300 prosélytes, exigeant d'eux comme condition préalable à leur admission dans sa secte, qu'ils n'iraient point à la messe. La plainte de Bruté était motivée par les soupçons qui pesaient sur cette femme d'avoir empêché un très grand nombre de paroissiens de Saint-Hippolyte de faire leurs Pâques cette année-là. Cette femme fut arrêtée en sa demeure, rue de Lourcine, maison du charpentier Jumel, vis-à-vis les Petites Cordelières et enfermée à la Bastille (2).

*
* *

Pourquoi faut-il que Bruté ait consumé, pendant près de 20 ans, le meilleur de sa rare énergie en luttes stériles contre le chapitre de Saint-Marcel, au lieu de persévérer dans l'attitude conciliante qui avait été celle de ses prédécesseurs depuis Lebreton.

Portes de l'église fermées aux heures de visite du chapitre, — refus de se joindre à la procession de Saint-Marcel le jour de la

(1) Bibl. Nat. Mns. F, Fr. 6683, p. 287.
(2) Ibidem, pp. 139-140.

Fête-Dieu, les années où la paroisse Saint-Hippolyte était en tour, — processions particulières à Saint-Jacques le 25 juillet, malgré l'arrêt du 3 mars 1644 : il n'est pas de procédés blessants que Bruté n'ait employés pour contraindre les chanoines à abdiquer leur suzeraineté séculaire sur Saint-Hippolyte.

Tous ces efforts furent infructueux.

Le 28 juin 1780, le chapitre de Saint-Marcel gagna avec dépens en la grand'Chambre du Parlement le procès qu'il soutenait depuis plus de neuf ans contre le curé de Saint-Hippolyte. Bruté se pourvut bien par requête civile contre cet arrêt, mais il fut débouté de toutes ses demandes par une nouvelle sentence du 27 juillet 1781 (1).

Hardy se fait, dans son *Journal*, l'écho d'une conversation dans laquelle un chanoine de Saint-Marcel aurait affirmé « que pour bien de paix et entretien de bon ordre, son corps projettait d'arrêter par une délibération expresse de faire le sacrifice de quelques-unes des prérogatives dans lesquelles il venait d'être confirmé, en ne se rendant plus à Saint-Hippolyte les jours de l'année où sa présence pourrait causer du trouble en apportant quelque dérangement aux heures des offices de cette paroisse, comme le jour du dimanche des Rameaux, le jour de la Toussaint, etc. »

Il y a lieu de croire que l'intransigeance de Bruté dissuada les chanoines de faire ces concessions, car la querelle, loin de se calmer, devint plus vive encore et la suppression du chapitre de Saint-Marcel le 24 décembre 1790 put seule y mettre fin (2).

*
* *

Les graves événements, qui se produisirent dès les premiers

---

(1) Bibl. Nat. Mns. F. Fr. 6683, p. 309 et 6684, p. 7. — Le recueil A 16558 de la Bibliothèque Mazarine contient six mémoires relatifs au procès qui nous occupe (pièces 19 à 25). Le plus important (pièce 25) est celui que nous avons fréquemment utilisé et que nous citons sous le titre abrégé de *Mémoire contre Bruté*.

(2) Le 18 mai 1784, Bruté fut condamné à 400 livres d'amende pour une partie de ses contraventions. Il se pourvut en cassation en décembre 1784; son pourvoi fut rejeté par le conseil le 12 décembre de l'année suivante. Et tout cela ne mit pas fin à ses infractions !

mois de l'année suivante, allaient fournir à Bruté une plus noble occasion de déployer son énergie et sa ténacité.

Nous touchons à l'heure où la paroisse Saint-Hippolyte va sombrer dans la grande tourmente révolutionnaire. Avant qu'elle disparaisse, consacrons quelques pages à la montrer telle qu'elle se présentait alors, avec son église dont l'ornementation était achevée et son territoire plus peuplé que jamais.

CHAPITRE XII

A LA VEILLE DE DISPARAÎTRE

I. — L'ÉGLISE

Dans l'édifice que connurent les contemporains de Bruté, plus rien ne rappelait la chapelle primitive de Saint-Hippolyte — si ce n'est sans doute quelques dalles tumulaires des XIIe et XIIIe siècles aux inscriptions depuis longtemps effacées.

L'église, qui avait succédé sur le même emplacement à l'oratoire du moyen âge, était celle que nous avons vu construire sous les curés Bordier et Eustache Savary et qui avait été remaniée ensuite et aggrandie sous les curés Sauvage et Ravissar.

Elle n'avait rien, à l'extérieur, de la majesté ou de la grâce de plusieurs églises paroissiales de la capitale. C'était une modeste église de faubourg, comme celle de Saint-Médard, — plus modeste même peut-être et non moins disparate.

La seule « vue » de Saint-Hippolyte que nous connaissions est un dessin à la plume ayant servi à illustrer un volume provenant de la bibliothèque Vivenel, cataloguée en 1844 (1). Mais ce dessin est moderne et rien n'indique où il a été copié. Il semble toutefois que la pièce originale était assez ancienne, car elle représente Saint-Hippolyte avant la construction du clocher.

(1) Voir, page 37, ce dessin qui a été reproduit pour la première fois dans le *Paris religieux* de M. l'abbé Duplessy.

La vue-perspective du plan dit de Turgot (1739) est donc préférable malgré l'exiguïté de ses dimensions. (*Voir* page 73.)

L'église Saint-Hippolyte était située exactement à l'angle oriental formé par la rue des Marmousets et la rue Saint-Hippolyte : elle se trouvait dégagée de tout côté, — même du côté méridional, où une bande de terrain, appelée le *petit cimetière* ou encore la *ruelle de la procession*, la séparait du jardin du grand presbytère.

L'entrée principale de l'église était rue des Marmousets.

Trois autres portes y donnaient accès :

La première rue Saint-Hippolyte, ouvrant sur le bas-côté gauche.

La seconde, au chevet du chœur, vers la rue des Trois-Couronnes.

La troisième dans la ruelle, servant surtout à M. le curé.

La distribution intérieure de l'édifice nous est connue par un plan conservé dans les papiers de M. Vacquer, à la Bibliothèque historique de la Ville de Paris. (*Voir* page 121.)

L'original sur lequel ce plan a été copié nous semble facile à déterminer.

On sait qu'Edme Verniquet, en dehors de son admirable atlas trigonométrique général de la ville de Paris, avait dressé, à l'échelle de trois lignes par toise, les plans détaillés de tous les monuments publics et particuliers de la capitale. Ces relevés fragmentaires, admirablement coloriés et collés sur toile, étaient déposés à l'Hôtel de ville et la collection a péri dans l'incendie de 1871.

Or Vacquer avait nombre de fois mis à profit cette collection. Dans un rapport du 22 mars 1869, il note, par exemple, que « la configuration de l'ancienne église Saint-Marcel était connue par un plan levé alors qu'elle existait encore et qui fait partie des travaux de Verniquet. »

Il y a donc tout lieu de croire que le plan de Saint-Hippolyte, copié par lui sur papier pelure, est de la même provenance, d'autant que ce plan est établi pareillement à l'échelle de trois lignes par toise.

Dès le premier regard, nous sommes frappés — et choqués

même — de l'irrégularité de l'édifice. On sent si bien que les parties A. B. C. D. E. F. G. ont dû être ajoutées après coup.

L'église se compose « d'une nef, deux bas-côtés, quatre chapelles, une sacristie, une autre grande chapelle et une rotonde ».

La grande chapelle — dite de la Communion — se trouve derrière le chœur.

Les autres chapelles, dont nous ne pouvons préciser la distribution, sont dédiées à la Sainte Vierge, à Saint-Roch, à Sainte Geneviève et à Saint-Michel.

***

Si l'édifice présente un médiocre intérêt architectural, il abrite du moins de nombreuses œuvres d'art.

Pour en faire l'inventaire, entrons dans le chœur.

Les anges adorateurs, dont le dessin avait été donné par Lebrun, sont sans doute encore là. On a gardé aussi peut-être, en le restaurant, le maître-autel, dont le même artiste avait fourni le modèle. Du moins le grand tableau de Lebrun, représentant *l'apothéose de saint Hippolyte*, a été précieusement conservé. Et treize autres tableaux — retraçant les divers épisodes de la conversion et du martyre du saint — lui forment comme une avenue grandiose.

En voici l'énumération complète. Nous suivons l'ordre dans lequel ils sont disposés, en descendant du grand autel par le côté de l'Evangile jusqu'à la grande porte de l'église et en remontant jusqu'au même autel par le côté de l'Epître.

1º Par Jean Bethon, professeur à l'Académie de Saint-Luc, *saint Hippolyte converti par saint Laurent dans sa prison.*

2º Par Martin, conseiller à l'Académie de Saint-Luc, *saint Hippolyte baptisé par saint Laurent* (1).

3º Par Clermont, *saint Hippolyte convertissant à son tour sa famille* (2).

---

(1) Ce tableau figura à l'exposition de Saint-Luc de 1764. Il avait 10 pieds 2 pouces de haut sur 9 pieds 2 pouces de large. L'auteur des *Observations* sur cette exposition (Bib. Nat. Est. coll. Deloyne, t. 51, p. 241) dit que « ce morceau est peint de la plus grande manière et donne des espérances de son jeune auteur. »

(2) Des *Observations* sur l'exposition de Saint-Luc de 1756 (Bibl. Nat.

4º Par Briard, de l'Académie Royale, *saint Hippolyte arrêté sur la Voie Appienne, pendant qu'il ensevelit le corps de saint Laurent.*

5º Par Charles Michel-Ange Challe, de l'Académie Royale, *saint Hippolyte visité dans sa prison par le clergé de Rome qui vient l'encourager au martyre* (1).

6º Par Loir (Alexis), de l'Académie Royale, *saint Hippolyte communiant dans la prison.*

7º Par le même, *saint Hippolyte repoussant les avances d'un envoyé de l'empereur.*

8º Par Durameau, *saint Hippolyte refusant de sacrifier aux idoles* (2).

Est. Coll. Deloyne, t. 51, p. 164), nous extrayons les lignes qui suivent : « On voit d'abord dans cette exposition deux grands tableaux de saint Hypolite pour la paroisse de ce nom ; ils offrent au public une espèce de rivalité qui l'intéresserait si le sujet était plus connu. M. Bethon, professeur, a saisi l'instant de la conversion d'Hypolite et de ses soldats par saint Laurent. M. Clermont l'a représenté converti à la foi prêchant à sa famille les vérités qu'il venait d'entendre. Ce dernier est froid et chargé de figures peu intéressantes. Il n'en est pas de même du premier. La fierté militaire qui cède à la douceur évangélique, le soldat qui rend les armes à la parole d'un pauvre prisonnier, les malheureux qui oublient le poids de leurs fers pour lever les mains au ciel, un cachot ténébreux, des murs humides et enfumés qui deviennent le temple de la religion, tous ces objets seraient frappans, si la vérité du coloris et la régularité du dessin soutenaient la magie de la composition. »

(1) L'*Année littéraire* (1759) dit de ce tableau, qui figura au salon de cette même année, que « ce sujet est traité simplement. Le prêtre du clergé de Rome qui exhorte (Hippolyte) lui parle avec la chaleur et la dignité nécessaires à un ministre de la religion. Son geste est simple et pathétique, ses draperies de bon goût. » (Coll. Deloyne, t. 47, p. 79) — Avec Diderot (*Œuvres complètes*, Ed. Garnier, t. X, p. 97), la note change : « Je n'ai pas mémoire d'avoir vu un Saint Hippolyte dans la prison... ni les autres tableaux de Challe. Vous savez avec quelle dédaigneuse inadvertance, on passe sur les compositions médiocres. »

(2) « Pendant son séjour à la pension de Paris, [Durameau] fit sous les yeux du directeur C. Vanloo un tableau dont le sujet est tiré de l'histoire de saint Hippolyte. Nous ne nous dissimulons pas que cet ouvrage ne se ressentit de l'empire du goût régnant. J'entends parler, ces tours de figures affectés dans lesquels on faisait consister l'art de donner du mouvement et de la grâce, une exécution qui montrait un air de liberté et excluait la sévérité des formes, enfin un coloris qu'on appelait frais ou gai et qui n'était que cru et souvent blafard. Les amis de Durameau, témoins du désir de bien faire dont il avait l'âme possédée, se rappelleront sans doute le temps considérable et les efforts employés à cet ouvrage, ainsi que les inquiétudes dont il fut dévoré en l'exécutant. Les avis souvent contradictoires de ses camarades, des amateurs toujours

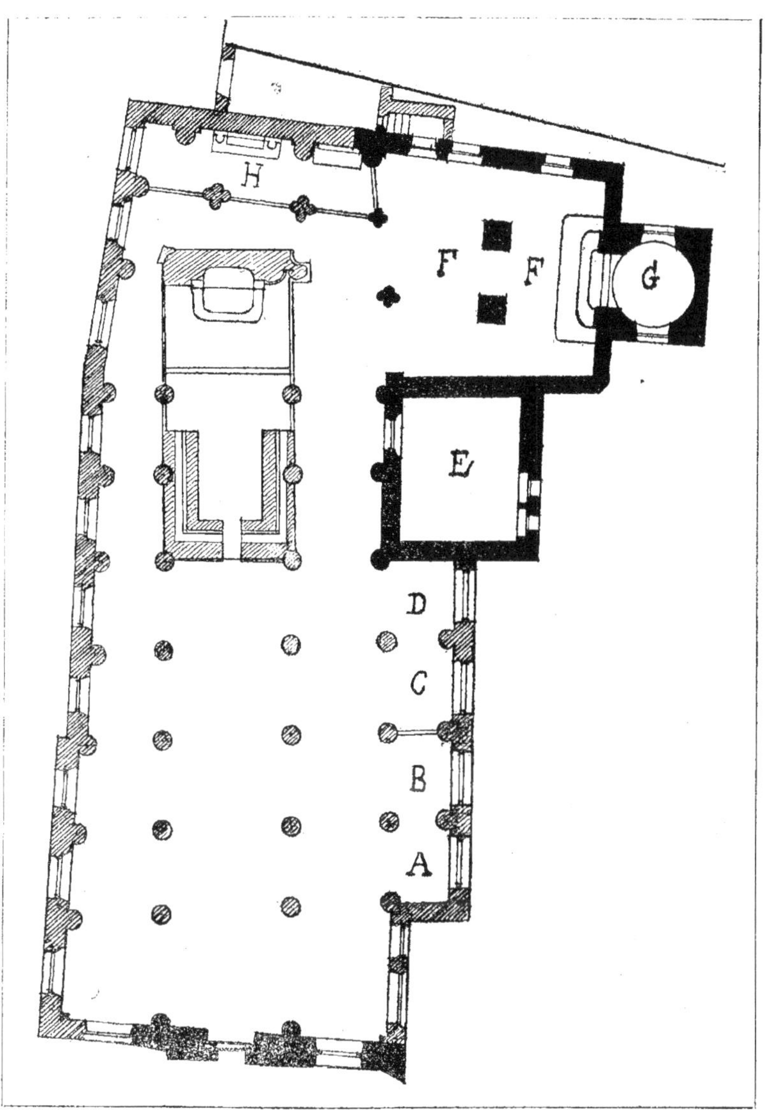

PLAN DE L'ÉGLISE SAINT-HIPPOLYTE

Nota. — Les parties *pleines en noir* sont celles qui ont subsisté jusqu'en 1867.

9° Par Dequoy, de l'Académie Royale de Saint-Luc, *martyre de plusieurs membres de la famille de saint Hippolyte.*

10° Par Antoine Boizot, de l'Académie Royale, *le martyre de sainte Concorde, nourrice de saint Hippolyte* (1).

11° Par M***, dit Poussin, *saint Hippolyte traduit devant le juge* (2).

12° Par Martin (le même qu'au n° 2), *saint Hippolyte, conduit au temple, reste inébranlable.*

13° Par Jullien, élève de Van Loo, *le martyre de saint Hippolyte.*

Toutes ces toiles étaient encadrées dans une boiserie qui ornait uniformément l'église et avec laquelle le banc d'œuvre et la chaire elle-même formaient corps. Les tableaux de Bethon, Dequoy et Boizot avaient été donnés par leurs auteurs. Les dix autres étaient dus à la munificence de M. et de Mme de Jullienne (3).

Cette belle suite ne constituait pas d'ailleurs toute la série des toiles de l'église Saint-Hippolyte.

Dans la nef encore, au-dessus de la chaire, on voyait un second tableau de Charles Michel-Ange Challe, don de M. de Jullienne. Ce tableau figurait la *Religion invitant à ses saints mystères* (4).

critiques et du directeur de l'école, lui livraient les plus rudes combats. Enfin, à force de faire et de refaire, il parvint à donner à son tableau l'accord d'effet et d'exécution qui, d'après les préjugés du temps, était un degré suffisant de mérite pour le rendre digne d'être placé au lieu de sa destination… (Notice sur Durameau, collection Deloyne, t. 61, p. 490). — Durameau mourut le 4 septembre 1796, conservateur du Muséum de Versailles.

(1) Tableau de 10 pieds de haut sur 9 pieds de large (Salon de 1755). — La *Lettre à un virtuose* (Bib. Nat. Est. Y b 160) est plutôt sévère pour ce tableau. « Cette peinture de M. Boizot n'inspirera jamais le désir ardent de mourir pour la foi : il s'en faut de beaucoup qu'elle soit séduisante. »

(2) Le catalogue de la vente après décès de M. de Jullienne, dressé par Pierre Remy (1767), indique au n° 308, sous le nom de M. Poussin, une « esquisse destinée pour un tableau de l'église paroissiale consacrée sous l'invocation de [saint Hippolyte], peinte sur toile, de 33 pouces de haut sur 30 de large. » Une note marginale manuscrite de l'exemplaire de la galerie des estampes nous apprend que cette esquisse fut gardée par M° de Jullienne. L'auteur était un élève de l'Ecole du Louvre que ses collègues appelaient Poussin, à cause de sa manière d'imiter ce maître.

(3) *Curiosités de Paris, de Versailles, Marly, Vincennes, Saint-Cloud et des environs*, par M. L. R. (Le Rouge). Nouvelle édition augmentée par Piganiol de la Force et Saugrain, Paris, 1771 (quartier de la place Maubert).

(4) Ce tableau est indiqué comme se trouvant à Saint-Hippolyte par

Un autre tableau, placé contre le mur derrière la chaire, représentait la Sainte-Famille : auteur inconnu.

Rappelons que la chapelle de la Communion était ornée de trois tableaux dont nous ignorons le sujet, un de Lebrun et deux petits de Lesueur.

Signalons enfin une *Vierge à l'enfant Jésus* de Belle, inspecteur de la manufacture des Gobelins (1).

Peu d'églises de faubourg, on l'avouera, possédaient une galerie de tableaux aussi nombreuse et aussi intéressante. Pourquoi faut-il que nous ignorions quel a été le sort du plus grand nombre? Détruits ou dispersés dans les musées et les églises, comment retrouver aujourd'hui leur trace, surtout en l'absence d'un Inventaire général complet des richesses artistiques de la France.

*
* *

La liste des œuvres d'art de l'église Saint-Hippolyte comprend aussi la chaire exécutée — et peut-être dessinée — par Simon Challe, sculpteur, frère du peintre. Un écrivain du temps, qui la trouve « d'une architecture sage », la décrit ainsi :

Les panneaux qui la décorent sont des trophées. L'Evangile triomphant est représenté sur celui du milieu et entre les consoles on voit le serpent de l'hérésie terrassé. Sur les côtés paraissent la Foi et l'Espérance. Le plafond de l'abat-voix est orné d'une gloire (2).

Notons encore, au hasard d'une promenade dans l'église :

Aux fenêtres des chapelles de droite en entrant, les fameux vitraux de 1561, si admirés de Lebrun et de Mignard (3);

le *Nécrologe* de 1779, p. 127. Il orne aujourd'hui la chapelle Sainte-Anne à Saint-Médard. (Hauteur : 2ᵐ10 ; largeur : 1ᵐ05). — La Religion, la tête couverte d'un voile, assise sur les nuages, tient une croix de la main gauche et montre de la droite un livre soutenu à sa gauche par un petit ange ; des anges du côté opposé.

(1) Ce tableau avait 7 pieds de haut sur 5 de large. Il passa ensuite à Saint-Marcel, d'où l'auteur le reprit pour lui apporter quelques modifications (Arch. du Musée des monuments français. t. II, p. 447). Est-ce « la Vierge et l'enfant Jésus » de Clément-Anne-Marie Belle qui se trouve aujourd'hui à Saint-Séverin, dans la chapelle de la Sainte-Vierge ?

(2) *Voyage pittoresque à Paris*, par M. D*** (d'Argenville), 6ᵉ édition, 1778.

(3) Voir plus haut, p. 40.

Dans la rotonde (G), à laquelle on accédait par plusieurs degrés, le monument funéraire, par Gauthier, d'un fils de M. Le Prêtre de Neubourg, avec une épitaphe française intéressante (1) ;

A la chapelle de Saint-Michel, la sépulture de Jean de Jullienne et de sa femme (l'épitaphe de cette dernière, gravée par Nullier, sculpteur marbrier, qui toucha de ce chef 50 livres (2) ;

A gauche, enfin, contre le mur de la nef, la longue épitaphe d'un Gobelin, très considéré en son temps, que nous avons essayé d'identifier (page 28) et encore une autre épitaphe en lettres gothiques, dont nous avons cité (page 29) le texte d'après Dulaure.

*
* *

Il ne nous reste plus avant de quitter l'église qu'à examiner à la sacristie les ornements et les vases sacrés. Les plus précieux sont des dons de la famille de Jullienne et ont figuré sur l'inventaire que nous avons déjà publié de leurs libéralités (3).

Il y a là pourtant diverses pièces de provenance différente, qui méritent d'être signalées :

Un voile de tapisserie des Gobelins pour le Saint-Sacrement, représentant un agneau immolé, garni en broderies et franges d'or fin.

Un ornement complet de damas, avec orfroy de tapisserie des Gobelins.

(1) Thiéry : *Guide des amateurs et des étrangers à Paris*, 1787, t. II, p. 107 et Dulaure : *Nouvelle description des curiosités de Paris*, 1785, pp. 328-329.

Michel Edmond le Prêtre de Neubourg, conseiller du Roy, ancien receveur général des finances de la généralité de Caen et sa femme, née Marie-Renée-Hortense de Grimaudet, avaient fait construire par Peyre, en 1762, dans le clos Payen, l'hôtel orné de statues qui subsiste encore tout délabré en bordure du boulevard d'Italie. Leur fils défunt, dont le tombeau se trouvait à Saint-Hippolyte, est sans doute ce Marie-Athanase-François de Sales Le Prêtre de Neubourg, mousquetaire de la 2e compagnie, décédé au nouveau Boulevart, qui fut enterré le 19 octobre 1774, et dont les *Affiches parisiennes* font mention dans leur nécrologie, le 27 du même mois.

(2) Compte de la fabrique pour le dernier semestre de 1778.

(3) Il faut y ajouter une petite croix d'argent, donnée par Mme de Jullienne et renfermant une relique de la vraie croix, donnée par M. Belle, inspecteur des Gobelins. (Arch. Nat. S* 3371, p. 5.)

Un morceau de tapisserie, pour servir de devant d'autel au chœur, représentant le serpent d'airain (1).

L'argenterie de Saint-Hippolyte est alors bien diminuée de ce qu'elle était autrefois, car la fabrique, après la guerre de 7 ans qui avait fait disparaître une grande partie du numéraire français, a porté à la Monnaie toute l'argenterie qui n'était pas absolument nécessaire au culte (2).

L'image d'argent de Saint Hippolyte, dont Lebrun lui-même avait fourni le modèle à l'orfèvre Milton, n'est donc plus là.

Mais la confrérie de Notre-Dame possède encore une figure en pied de la Vierge, pesant 7 marcs 4 onces 4 gros, et deux chandeliers d'argent pesant 7 marcs 6 onces.

Et nous relevons de même, parmi les objets appartenant à la confrérie du Saint-Sacrement, une croix d'argent, pesant 7 marcs 4 onces 4 gros et aussi deux chandeliers d'argent, pesant ensemble 6 mars 6 onces (3).

* *
* * *

Un regard encore, avant de repasser le seuil de l'église, sur la tribune des grandes orgues. Nicolas Collard, facteur d'orgues à Paris, les avait réparées, sinon fournies. Nous le voyons en effet le 8 août 1735 toucher une somme de 300 livres pour reste de ses ouvrages à Saint-Hippolyte (4). — Un billet de faire-part, conservé à la Bibliothèque de la ville, nous apprend que le 16 novembre 1758 on célébrait un service pour le repos de l'âme de M. Emmanuel François Mulot, ancien organiste de la paroisse, à qui avait succédé une de ses filles, du nom de Marguerite. Ces Mulot étaient sans doute parents du fameux Mulot, chanoine

---

(1) Arch. Nat. S* 3371. — Dans l'acte d'apposition des scellés à la mort du curé Denis Duval, il est fait mention aussi d'un « grand fauteuil de tapisserie basse lisse des Gobelins, représentant dans le dossier un cœur en forme de cartouche et monté sur son bois de noyé sculpté, la tapisserie duquel fauteuil a esté faite par led. Sr Monmerqué et par luy donné à l'église de Saint-Hipolithe pour servir les jours de festes pour asseoir le célébrant. » (Arch. Nat. Y 13087 — 7 octobre 1737.)

(2) La fabrique avait de ce chef une rente annuelle de 49 livres 9 sols, qui fut remboursée le 7 septembre 1765.

(3) Arch. Nat. S* 3371 (registre).

(4) Arch. Nat. S 3371 (carton).

de Saint-Victor, que nous voyons prêcher à Saint-Hippolyte
le 29 mars 1782 (1) et qui devait jouer un si singulier rôle pendant la Révolution.

II. — LA CIRCONSCRIPTION PAROISSIALE

Rien ne vaut, pour se rendre un compte exact de la circonscription paroissiale de Saint-Hippolyte à la fin du XVIIIe siècle,
un simple regard jeté sur l'extrait ci-contre du *plan des paroisses
de Paris* dressé en 1786 par J. Junié, ingénieur géographe de
Mgr l'archevêque Le Clerc de Juigné. (*Voir* page 128.)

Ce plan ne s'étend guère il est vrai au-delà des boulevards
qui limitaient le Paris de Louis XVI et, comme Saint-Hippolyte
débordait le mur d'octroi, nous ignorons où cessait exactement
la paroisse du côté de la campagne.

Saint-Hippolyte était limitrophe avec six paroisses :

Avec *Saint-Martin-du-Cloître* (Limites : une ligne allant du
second bras de la Bièvre au coin supérieur de la rue des Trois-
Couronnes, la dite rue à droite; puis toujours à droite la rue
Mouffetard continuée par la rue Gautier-Renaud);

Avec *Saint-Médard*, qui pénétrait très avant dans le territoire
de Saint-Hippolyte pour englober l'enclos des Cordelières;

Avec *Saint-Jacques* (voir plus haut, page 66, les limites
fixées par l'arrêt du 17 avril 1655 (2);

Avec *Saint-Étienne-du-Mont*, qui avait une partie détachée
sur le chemin d'Orléans;

Avec *Montrouge* (paroisse actuelle de ce nom hors Paris);
Et avec *Gentilly*.

Une grande partie du territoire des paroisses actuelles de
Sainte-Anne de la Maison-Blanche et de Saint-Pierre du Grand-
Montrouge appartenait jadis à Saint-Hippolyte. Le moulin de
Mouxoury est plusieurs fois nommé dans les pièces d'archives

(1) Page 123 du journal intime de Mulot, publié dans le t. XXIX des
Mémoires de la Société de l'Histoire de Paris.

(2) Avant la création de la paroisse Saint-Jacques, Saint-Hippolyte s'é-
tendait en largeur non plus jusqu'à la rue de la Santé, mais jusqu'à la
rue d'Enfer.

de la paroisse (1). De même, la *Tombe Issoire :* aussi voyons-nous
le clergé de Saint-Hippolyte assister le 7 avril 1787 à la bénédiction des catacombes qui s'étendent sous toute cette région et
que l'on destinait à devenir l'ossuaire général de toutes les
paroisses de Paris (2). Toute cette partie était déjà fort peuplée
à la fin du XVIIIᵉ siècle, ce qui faisait écrire à l'abbé Denoux (3),
curé de la Madeleine en la Cité, dans son projet de nouvelle
distribution des Paroisses de Paris, qu'il « serait assez utile de
bâtir une chapelle entre le petit Montrouge et le petit Gentilly » (4).

Quant à la partie du territoire de Saint-Hippolyte située en
dedans du mur d'octroi, elle est toute entière comprise aujour-
d'hui dans la circonscription paroissiale de Saint-Médard. Il n'y
a d'exception que pour les deux parcelles de ce territoire situées
à gauche de la rue de la Santé, qui ont été naturellement attri-
buées à la paroisse Saint-Jacques.

(1) Arch. Nat. S 1920, doss. 5.

(2) Héricart et Thury. *Description des catacombes de Paris,* 1815, p. 181.

(3) « Projet concernant les divers territoires ou districts des paroisses
de Paris, etc. » (Bib. Nat. Lk7 13820). Denoux proposait de diviser Paris
en 21 quartiers, qui contiendraient 40 paroisses de 20 à 25.000 âmes
chacune.

(4) « Il dépend de cette paroisse [Saint-Hippolyte] la maison royale
des Gobelins..., l'hopital de Sainte-Anne situé sur le chemin de Gentilly comme aussi plusieurs habitations, appelées guinguettes, tenant au
clos Payen, aussi situé sur le chemin de Gentilly ; les maisons attenant
les barrières où se reçoivent les droits du roy, scavoir : celle de Couil-
lebarbe située derrière les Gobelins — de la porte du clos Payen — de
Loursine et celle des Capucins derrière les Capucins de Saint-Jacques... »
(Bibliothèque Méjanes. Manuscrit 820 : Histoire des paroisses de la
ville et des faubourgs de Paris, 1722.)

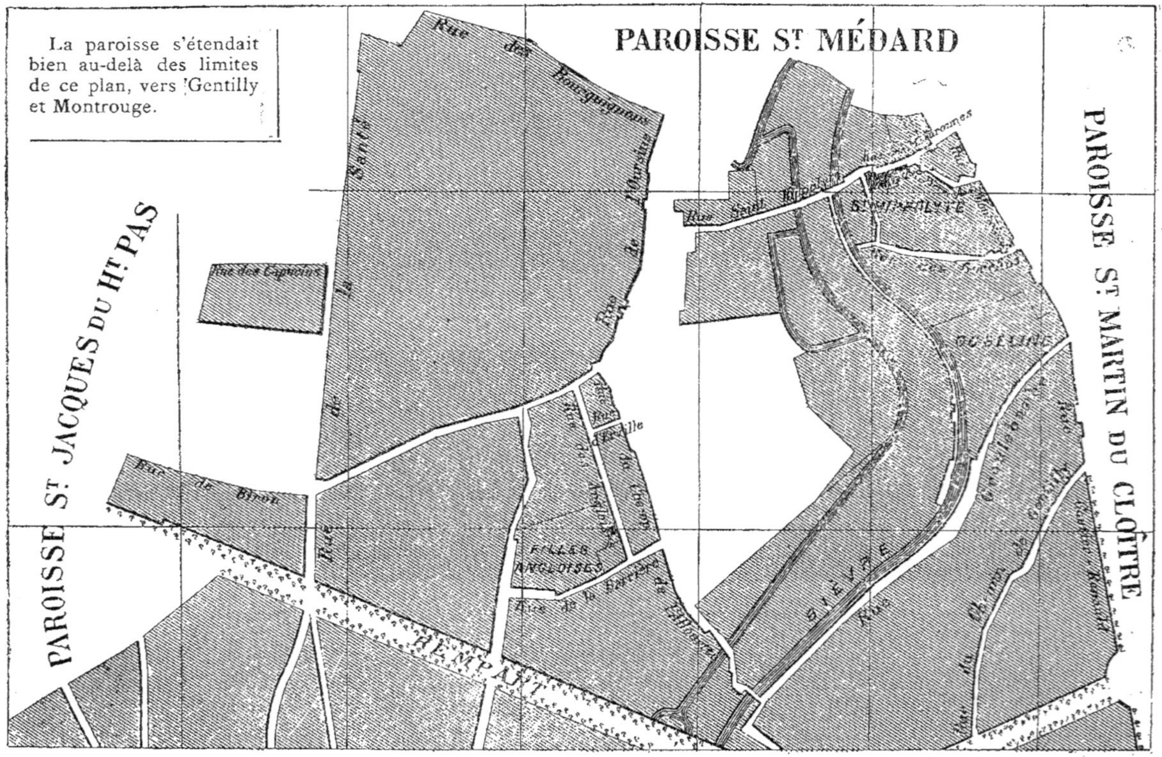

LA CIRCONSCRIPTION PAROISSIALE DE SAINT-HIPPOLYTE (*D'après le plan Junié des Paroisses de Paris,* 1786).

CHAPITRE XIII

UNE FIN GLORIEUSE

Le clergé de Saint-Hippolyte en 1791. — Effervescence des esprits dans le quartier. — Refus unanime du serment par les prêtres de la paroisse. — Intrusion des assermentés à Saint-Hippolyte. — Touchante lettre de Bruté à ses paroissiens. — Le décret du 4 février 1791 supprime la paroisse. — Location, puis vente de l'église, des deux presbytères et des autres immeubles dépendant de l'ancienne fabrique. — Transport des tableaux et des archives. — Persévérance admirable de tous les prêtres de l'ancienne paroisse. — Zèle intrépide de Bruté. — Incarcération et libération de Magnelin et de Martin. — Milet, martyr à Saint-Firmin.

Au commencement de l'année 1791, le clergé de la paroisse Saint-Hippolyte se composait du curé Guillaume Bruté et de quatre prêtres :

Charles-François Magnelin, premier vicaire.

.... Allan, second vicaire (1).

Henri-Jean Milet.

Pierre-Jacques Martin.

(1) Jusqu'au milieu du xviii⁰ siècle, il n'y avait qu'un des prêtres de la paroisse Saint-Hippolyte qui eût le titre de vicaire.

Voici les noms des vicaires que nous avons relevés au cours de nos recherches. Nous indiquons les années où nous les voyons en fonctions avec ce titre.

Bigot René, 1561.
Drouin Jean, 1584.
Lesveillé François, 1669.
Soudart Pierre, 1676.
Colanson Barthélemy, 1678.
Souffarès Raymond, 1679-1683.
Delzons Pierre-Raymond, 1688-1689.
Boscus Jean-François, 1690.
Hardrot Claude, 1692.
Deguelphe, 1693.
Choussy, 1711.
Moreau, 1719-1724.
Heuqueville Pierre, 1728-1733.
De Chavannes Jean-Baptiste-Domenchin, 1733-1738.

Dumont Louis-Antoine, 1742.
Gaillard Jean-Gaspard, 1743-1747 (second vicaire).
Dumoulin Denis-Etienne 1745-1752.
Thineau de Saint-Amand Pierre-Louis, 1749-1751 (vicaire des convois).
Savary Jean-Baptiste-Alexandre, 1757-1767.
Dubois Claude-Denis, 1759.
Magnelin Charles-François, 1770-1791.
Allan, 1791 (second vicaire).

Magnelin, né le 26 janvier 1730, sur la paroisse Saint-Sulpice, avait fait ses études de théologie au Séminaire Saint-Louis où il entrait le 27 janvier 1749, avec la recommandation de l'archevêque de Paris (1). Il était bachelier en théologie et attaché à la paroisse Saint-Hippolyte dès 1754. Prêtre des agonisants au carême de 1757, sacristain en 1765, il avait le titre de vicaire dès 1770, année où il prêcha le carême à la paroisse (2).

Mme de Jullienne l'avait en singulière estime, puisqu'elle lui constitua par son testament une rente viagère de 300 livres.

Il se compromit toutefois en remplissant des fonctions de ministère en faveur des religieuses hospitalières de la rue Mouffetard révoltées contre leur archevêque et fut interdit par Mgr de Beaumont, quelques semaines avant la mort de ce prélat (3).

Le second vicaire Allan était de Boulogne-sur-Mer. Il remplissait à Saint-Hippolyte les fonctions de prêtre sacristain (4).

Des deux prêtres habitués (5) — l'un et l'autre approuvés —

(1) Arch. Nat. MM 495, p. 46.

(2) Bib. Nat. Lk[7] 6743. Magnelin était aussi, en 1770, titulaire d'un canonicat de la collégiale de Saint-Pierre de Châtillon-sur-Loing, diocèse de Sens (Archives de la Seine, D G[2].)

(3) Bib. Nat. Mns. f. fr. 6614, pp. 37 et 78. L'interdit fut levé par les vicaires capitulaires pendant la vacance du siège.

(4) Arch. Nat. H[5] 3378[1],

(5) Pour faire suite au tableau des vicaires, nous donnons ci-dessous la liste des prêtres habitués de Saint-Hippolyte dont nous avons retrouvé les noms. Nous les rangeons par ordre alphabétique, faute de pouvoir donner une liste chronologique vraiment exacte et complète et nous indiquons les années où nous les voyons en fonctions.

Bardonnaud (Gervais ?), 1777.	Fisamen, 1717.
Bellanger Jean-Claude, 1734-1741.	Gobron, 1690-1692.
Bichué Pierre, 1729-1740.	Godivel Henry-Joseph, 1693.
Bidault, 1687-1693.	Henriot (Nicolas ?) 1785.
Boislambert Jacques, 1664.	Leblanc, 1781.
Boyer Jean-Baptiste, 1689.	Leleu Jacques, 1732-1735.
Bringaud Athanase, 1770.	Lenortier François, 1664.
Buliné, 1734.	Le Villars, avant 1676.
Cauchin Eustache, 1664.	Le Vasseur Jean-Pierre, 1775-76.
Chagrin Guillaume, 1687.	Martin (Louis-Pierre ?) 1741-42.
Condillé, 1662-1687.	Martin Pierre-Jacques, 1791.
Coquet, 1712-1714.	Milet Henry-Jean, 1791.
Dupont Etienne, 1678-1681.	Parmentier Norbert, 1683-1687.
Dupuy, 1783.	Parturien, 1762.
Durand Guillaume-Ignace, 1733.	Poupart, 1750-1751.
Fassot Jean-Baptiste, 1733-1735.	Supervielle, 1776.
Ferret Charles, 1675-1689.	Thaury Pierre, 1670.
	Turmine, 1752.

le premier s'appelait Henri-Jean Milet. Ecrivons ce nom avec un saint respect. Il n'en est pas un autre qui l'égale dans toute l'histoire de la paroisse Saint-Hippolyte, car c'est le nom d'un martyr.

Il était né à Paris, de Pierre Milet et de Marie-Angélique Bertaut, et avait étudié au collège de Montaigu, avant d'entrer, étant acolyte déjà, au Séminaire de Saint-Nicolas du Chardonnet, le 6 octobre 1681.

Il signait *Milet* avec une seule L (1).

En 1791, il remplissait les fonctions de diacre d'office à Saint-Hippolyte (2).

Son confrère, Pierre-Jacques Martin, parisien lui aussi, était né le 6 novembre 1762 et avait été élève au séminaire Saint-Louis, où il entrait le 2 juin 1785, pour en sortir définitivement le 30 may 1788 (3). Nous le trouvons à Saint-Hippolyte en 1791 remplissant les fonctions d'administrateur des sacrements (4).

**
***

Nous connaissons le clergé qui desservait Saint-Hippolyte au début de la période révolutionnaire : voyons quelle fut son attitude dans l'affaire de la prestation du serment.

Le lundi 3 janvier 1791, le conseil municipal avait décidé qu'une députation de trois membres, dont un officier municipal, se transporterait, le dimanche 9 janvier, dans chacune des paroisses de Paris pour recevoir le serment prescrit à tous les ecclésiastiques par le décret du 27 novembre précédent, accepté par le roi le 26 décembre et publié le 2 janvier.

Le mercredi 5, la liste de ces commissaires avait été dressée. La délégation, pour Saint-Hippolyte comme pour Saint-Etienne du Mont, devait être composée de l'officier municipal Boncerf et des notables Cezerac et Legros (5).

Ce sont sans doute ces deux notables qui, au dire de l'abbé

(1) Arch. Nat. MM 480, p. 282.

(2) Liste des non-jureurs dans l'*Histoire du Serment* de l'abbé Bossard, p. 155.

(3) Arch. Nat. MM 495 et 496.

(4) *Hist. du Serment*, p. 155.

(5) Bib. Nat. Mns. f. fr. 11700, p. 231.

Bossart dont nous reproduisons le récit (1), vinrent le 7 janvier saluer M. le curé de Saint-Hippolyte, en se disant envoyés par la municipalité.

Après les compliments d'usage, ils s'informèrent de l'heure à laquelle la messe paroissiale se célébrait le dimanche suivant et ils désirèrent connaître la place destinée à MM. les officiers municipaux chargés de recevoir le serment. Le vénérable pasteur leur ayant fait observer qu'il ne pensait pas qu'aucun prêtre de sa paroisse eut fait sa déclaration, ils répondirent qu'ils s'y rendraient néanmoins. Quelle soif ardente pour la conversion des âmes à la constitution !

MM. les ecclésiastiques, instruits de cette ambassade par M. le curé, adressèrent aussitôt au procureur-syndic une lettre qu'ils signèrent tous. Ils lui témoignèrent que n'ayant fait aucune déclaration, ils étaient étonnés que l'on se disposât à recevoir leur serment ; qu'au reste cette démarche, en exposant MM. les commissaires à un voyage inutile, ne donnerait au peuple qu'un vain spectacle et occasionnerait peut-être quelque trouble dans la paroisse. Ils le prièrent enfin de regarder cette lettre comme un refus formel et positif de serment.

Tout cela n'empêcha pas que l'église et les rues ne fussent tapissées, ce samedi au soir, d'une grande pancarte (2) qui annonçait pour le lendemain la prestation du serment des prêtres de Saint-Hippolyte. Trompé par ce placard et par les faux bruits répandus à dessein, le peuple s'y rendit en foule. M. le curé, ferme dans ses principes, refusa le serment et prononça un discours auquel on ne répondit qu'en criant : A la lanterne ! Tous ses coopérateurs suivirent son exemple et il n'y eut parmi eux aucun apostat. Cependant pour les intimider, on avait annoncé un pillage qui devait se faire pendant l'office du soir ; mais il n'y eut point de salut et la garde nationale dissipa l'attroupement qui s'était déjà formé. Le fanatisme des patriotes avait néanmoins désigné une victime et le premier vicaire accusé d'avoir endoctriné ses confrères devait subir la peine de son crime (3).

(1) *Histoire du Serment*, p. 34.

(2) Il s'agit là d'un avis de la municipalité annonçant la cérémonie du lendemain, qui fut affiché dans tout Paris le samedi 8 janvier. Le texte en était partout le même : mais il portait en tête le nom de la paroisse où il était placardé.

(3) Magnelin, ainsi particulièrement désigné aux représailles, réussit à s'y soustraire pendant plus d'un an et demi. Son arrestation est en effet du 18 avril 1792.

Dès lors la situation de Bruté et de son clergé devenait impossible.

[En effet] les têtes s'étaient tellement échauffées [dans la paroisse] que MM. les officiers de la garde nationale et les administrateurs de la police prévinrent les ecclésiastiques qu'on ne pouvait répondre de leurs personnes, s'ils persistaient dans leur refus, à cause de la disposition des esprits. Pour éviter des scandales et donner l'exemple de la soumission, les prêtres [de Saint-Hippolyte] résolurent de se retirer pour quelque temps. M. le curé avait demandé des pouvoirs pour deux prêtres qui desservirent [la paroisse] pendant son absence ; mais par malheur ces Messieurs n'avaient pas prêté le serment. Les marguillers peu contens du choix s'adressèrent à la municipalité ; la section des Gobelins se mêle aussi de l'affaire et pour concilier tous les partis, l'office fut célébré par M. Duchesne, prêtre-jureur de Saint-Martin du Cloître (1). On permit pourtant, par grâce, à un prêtre du séminaire Saint-Marcel (2) de chanter la première grand'messe et d'exercer provisoirement les fonctions du ministère.

(1) Duchesne était vicaire à Saint-Martin du Cloître. Il figure, comme son curé l'abbé Jacquot, au nombre des jureurs.

(2) Le séminaire Saint-Marcel avait été établi en 1685 par M. de Chanciergue, fondateur de beaucoup de maisons analogues connues alors sous le vocable de séminaires de la Providence. Dans les premiers temps, il occupait deux maisons avec un grand jardin, appartenant à la communauté des chapelains du chœur de Saint-Marcel. Cette communauté n'exista plus après la fondation du séminaire que par les titres de chapelles et les revenus qui y étaient attachés : le séminaire remplissait les fonctions des anciens chapelains. Jusqu'en 1715 le séminaire n'était pas sous la dépendance du chapitre. Lorsque le séminaire de Saint-Louis, rue d'Enfer, fut formé en 1790, il fut établi chef-lieu de celui de Saint-Marcel comme des autres communautés semblables et l'administra seul tant au temporel qu'au spirituel. Plus tard le chapitre s'attribua sur le séminaire de Saint-Marcel une autorité majeure que les archevêques de Paris ne voulurent d'ailleurs jamais reconnaitre, au moins au spirituel.
Les ressources du séminaire étaient constituées par une somme de 1.500 livres payée annuellement par le chapitre et par le produit des pensions qui s'élevèrent pour l'exercice 1788-89 à 10.909 livres 5 sols : la pension était de plus de 350 livres par élève. — Le séminaire Saint-Marcel ferma ses portes au mois d'avril 1791, tant par suite du défaut de sujets qu'à cause de la suppression du chapitre auquel il était attaché.
Il avait pour supérieur, depuis le 1er août 1785, Charles-Auguste Buée, prêtre, licencié en théologie, chanoine de Saint-Benoît de Paris, et pour directeur M. Prévost, bachelier en théologie, — tous deux insermentés. (Arch. Nat. S 6980).

L'auteur de l'*Histoire du serment* à qui est empruntée la citation qui précède, nous apprend qu'un ecclésiastique « sans pouvoirs et interdit depuis longtemps » fut envoyé le lendemain lundi 17 janvier vers les paroissiens de Saint-Hippolyte. L'abbé Bossard ne donne pas le nom de cet ecclésiastique, mais nous savons que c'était Charles-Pierre Desesquelle, diacre d'office de la paroisse Sainte-Madeleine en la Cité en 1790.

La bonne réputation de ce nouveau fonctionnaire l'avait devancé, et au bruit de son arrivée l'allarme se [répandit] parmi les paroissiens et l'indignation se [manifesta] de toute part. Cependant le 23 janvier, il chanta la première grand'messe et fit un prône auquel il ne manquait que de se louer lui-même ; s'imaginant déjà être curé, il protesta qu'il mourrait avec ses paroissiens.

Un de ses dignes confrères, plutôt dragon que prêtre, se disposait à célébrer la deuxième grand'messe : mais, obligé de céder la place à un envoyé de *Monseigneur Denoux, premier vicaire de Notre-Dame*, il remplit cette fonction d'une manière si gauche que les marguillers doutèrent, en le voyant mettre l'eau avant le vin dans le calice et faire d'autres fautes de cette espèce, s'il savait répondre la messe. On ne lui permit donc pas de la dire et il fut contraint de plier bagage (1).

La marche des exercices de la paroisse n'était cependant pas interrompue et les catéchismes en particulier suivaient leur cours, si l'on en juge par la suite du récit de l'abbé Bossard :

A Paris, ce sont ordinairement les séminaires qui fournissent des catéchistes dans les différentes paroisses ; des séminaristes de Saint-Marcel remplissent cette fonction à Saint-Hippolyte. S'étant avisés d'enseigner que le pape était chef de l'Église et qu'aucun

(1) Le 28 janvier 1791, l'abbé Desesquelle qui signe « ptre desservant» donne acte à divers marguilliers de ce qu'ils lui ont remis les clefs d'une chambre précédemment occupée par l'abbé Magnelin, « ci-devant vicaire », et où se trouvaient cent onze registres tant de baptême que de mariage et sépulture, avec deux vieux livres de publications de mariage. Magnelin, plus spécialement en danger, avait fait remettre les clefs par l'abbé Allan, « ci-devant sacristain ». (Arch. Nat. H5 37781.)

Dans une délibération du 18 mars 1791, le Bureau de l'Agence générale de la municipalité de Paris ajournait au 1er avril l'examen d'une demande que le sieur Desesquelle, « seul desservant la paroisse Saint-Hippolyte, faubourg Saint-Marcel » avait formée à l'effet d'obtenir un traitement pareil à celui décrété en faveur du premier vicaire d'une paroisse de Paris. (Arch. Nat. H 2179).

_prêtre ne pouvait confesser sans pouvoirs, ils furent dénoncés au Comité des Gobelins comme enseignant une doctrine anticonstitutionnelle. Aussitôt un commissaire mande à la barre de son très petit bureau ces Messieurs qui font le catéchisme à Saint-Hippolyte des filles (1). Le docteur Jacquot (2), grand jureur, est établi juge de la doctrine, il blâme le zèle de ces jeunes gens et il est scandalisé de leur peu de respect pour la constitution. Cependant on les rend à leurs catéchismes et ils continuent malgré les observations de leur sage maître, à enseigner la vraie doctrine.

Cette paroisse, observe l'abbé Bossard, en terminant, est « la seule de la capitale où les prêtres aient été empêchés de reprendre leurs fonctions (3) ».

On ne lira pas sans émotion la lettre que, de sa retraite voisine, Bruté adressait le 31 janvier à ses paroissiens. Nous connaissions sa fermeté et son courage, mais nous ne le savions pas si calme au milieu de l'insulte, si équitable dans ses appréciations et si paternellement affectueux pour ses ouailles. Ces pages font également honneur à son caractère et à son cœur.

LETTRE DU CURÉ DE SAINT-HIPPOLYTE A SES PAROISSIENS.

Mes très chers Frères,

Que la grâce de Jésus-Christ Notre Seigneur soit avec vous tous. Tel est le vœu sincère que je ne cesse de faire pour vous. Forcé par des circonstances impérieuses de m'éloigner d'un troupeau qui me sera toujours cher, je puis vous dire avec vérité que vous êtes toujours présents à mon esprit et à mon cœur. Hélas! pourquoi ne m'est-il plus permis de vous faire entendre ma voix? Encore si dans mon absence j'avais la consolation de savoir que mes dignes coopérateurs continuent d'exercer avec sécurité au milieu de vous les fonctions du saint ministère, ce serait un soulagement à ma peine; mais obligés par les mêmes raisons que moi

---

(1) « Ce sont les propres expressions de la lettre écrite au supérieur de Saint-Marcel ». (Note de l'*Hist. du Serment.*)

(2) Bossard le qualifie durement: « ci-devant instituteur, puis curé, ensuite électeur: mais ne sachant pas un mot de théologie».

(3) Il y a peut-être là quelque exagération. N'en fut-il pas de même pour le clergé de Saint-Nicolas du Chardonnet par exemple ?

de fuir la persécution, suivant l'avis de Jésus-Christ même, il ne leur est plus libre de donner de nouveaux témoignages de leur zèle. Quel sujet d'affliction, mes très chers frères, pour un pasteur qui depuis vingt-deux ans s'est toujours intéressé à votre sanctification et à votre bonheur ? Que va donc devenir cette portion chérie du troupeau que Jésus-Christ s'est acquis par son sang ?

Mon Dieu, ne rejetez pas la prière de votre serviteur ; ayez pitié des fidèles que vous avez daigné confier à mes soins et qui, depuis que l'Église m'en a fait le pasteur, ne peuvent cesser d'être mon troupeau ; veillez vous-même sur eux ; préservez-les de tout danger ; ouvrez les yeux de ceux qui par un faux zèle pour la patrie se sont permis des menaces contre des ministres qui n'ont d'autre crime que d'avoir suivi les lumières de leur conscience.

N'en doutez pas, mes très chers frères, ces menaces ne viennent que de la part de ceux ou qui ignorent les vérités de notre religion sainte ou qui en méprisent les maximes. Fussions-nous coupables devant Dieu comme on se permet de le penser, est-ce une raison de se croire autorisé à nous insulter, à nous outrager, à nous menacer ? Ces fureurs que l'on prétend pouvoir exercer contre les ministres du Dieu vivant ne justifient-elles pas leur conduite ?

C'est cette persécution, mes très chers frères, que nous n'avions pas méritée, qui nous a déterminé malgré nous à nous séparer de vous ; nous avions cependant à compter sur le zèle de MM. de la garde nationale ; les preuves qu'ils nous ont donné de leur bonne volonté et de leur attachement avaient bien de quoi nous rassurer. Nous ne pouvons trop leur en témoigner notre reconnaissance ; et nous étions bien déterminé à reparaître hier au milieu de vous, mais avertis des nouvelles menaces que l'on faisait pour nous empêcher de remplir les fonctions du saint ministère, nous avons cru qu'il était de notre prudence de ne point exposer les malintentionnés à de nouvelles profanations, à de nouveaux crimes.

A Dieu ne plaise cependant, mes très chers frères, que nous soupçonnions le grand nombre de nos paroissiens de s'être écarté dans ces jours de trouble, du respect qu'ils doivent aux ministres de Jésus-Christ. Je sais, mes très chers frères, et j'en rends grâce au Seigneur, je sais que presque tous dans ma paroisse condamnent les fureurs que l'on exerce contre nous, qu'ils plaignent notre triste situation et qu'ils sont bien persuadés que par la conduite ferme et généreuse que nous tenons, nous n'avons d'autre but que de sauver la religion. Que le Dieu de toute grâce les fortifie dans ces sentiments ; qu'ils soient tous convaincus qu'absents comme présents nous ne cesserons de nous intéresser pour eux auprès de Dieu.

Puissent surtout les pauvres, qui ont toujours été les objets de ma tendre sollicitude, se réunir à ces chrétiens fidèles et former

JEAN-JOSEPH-GUILLAUME BRUTÉ

Dernier Curé de Saint-Hippolyte

(1769 - 1791)

tous ensemble les vœux les plus ardents pour obtenir de Dieu qu'il daigne rétablir la paix, l'union, la concorde dans tous les cœurs.

Je suis, dans la charité de Jésus-Christ et avec respect,

> Mes très chers frères,

Votre très humble et très obéissant serviteur.

Bruté,
Curé de Saint-Hippolyte.

Ce 31 janvier 1791 (1).

*
* *

L'occupation de Saint-Hippolyte par le clergé constitutionnel devait être de courte durée. Un décret de l'Assemblée Nationale du 4 février 1791 divisa Paris en 33 paroisses, au lieu de 52 que la capitale comptait précédemment. La paroisse Saint-Hippolyte était au nombre des paroisses supprimées : son territoire et celui de Saint-Martin du Cloître furent réunis pour former la circonscription d'une même paroisse ayant pour titre celui de Saint-Marcel et pour église celle de l'ancienne collégiale du même nom (2).

Bruté n'ayant pas prêté le serment, ce fut le curé de Saint-Martin, l'abbé Jacquot, qui devint de droit curé de la nouvelle paroisse Saint-Marcel. Il fut installé le dimanche 3 avril, à huit heures du matin, par Gandolphe et Prévost, officiers municipaux, assistés des citoyens Thorillon, Bidault et Le Meignan, notables délégués par le conseil municipal.

Le conseil municipal avait arrêté que le même jour, à l'issue de l'office de l'après-midi, le commissaire délégué Gandolphe procéderait à l'apposition des scellés sur l'église Saint-Hippolyte (3).

---

(1) Bibl. de la ville de Paris, 5703, n° 34.

(2) Voici quelles étaient les limites fixées par le décret du 4 février pour la nouvelle paroisse Saint-Marcel.

(*Barrière du Petit Gentilly*) chemin du Petit Gentilly, rue de la Santé à droite, jusqu'à la croix de la grande hostie ; place de ladite croix, rue des Bourguignons à droite ; celle de l'Oursine à droite ; rue Mouffetard à droite jusqu'à celle Fer à Moulin ; ladite à droite ; celle de la Muette, celle du Marché-aux-Chevaux, jusqu'aux murs de l'enceinte ; lesdits jusqu'à la barrière de Gentilly.

(3) Bib. Nat. Mns. F. Fr. 11701, pp. 197, 202 et 204.

Ce soir-là, dans le quartier des Gobelins, il y eut sans doute en bien des maisons des yeux qui se mouillèrent de larmes et des cœurs qu'étreignit une poignante tristesse. On ne voit pas avec indifférence désaffecter un temple où vingt générations d'aïeux sont venus méditer et prier et qui garde depuis des siècles nombre de chères dépouilles.

Mais l'arrêt était irrévocable et au surplus il y aurait eu alors quelque imprudence à témoigner trop librement de ses regrets.

L'apposition des scellés eut lieu sans incident.

C'en était fait à tout jamais d'une des plus vieilles paroisses des faubourgs de Paris.

****

Disons en quelques pages maintenant ce qu'il advint alors de l'église, de ses biens et de ses archives et quel fut pendant la tourmente révolutionnaire le sort des prêtres courageux qui avaient desservi la paroisse jusqu'aux dernières semaines qui précédèrent sa suppression.

Quinze mois durant, l'église Saint-Hippolyte désaffectée resta inutilisée et déserte.

Au mois d'août 1792, la Régie des biens nationaux songea à la mettre en location. Une première mise aux enchères le 17 de ce mois n'amena qu'une offre de loyer de 500 livres par Marie-Thérèse-Sophie Gallot, veuve de René Germain, bourgeois de Paris. Cette offre ayant été jugée insuffisante, il fut sursis à l'adjudication définitive jusqu'au 11 septembre. A cette date, un sieur Louis-Antoine Salmon, officier de paix, demeurant à Paris, rue des Carmes, place Maubert, n° 26, offrit de payer 510 livres de loyer et la location lui fut adjugée pour 3, 6 ou 9 ans, à compter du 1er octobre. Salmon était seulement tenu de laisser procéder par la municipalité, la fabrique ou tout autre ayant droit, à l'enlèvement du mobilier, boiseries et décoration, dans le cas où cet enlèvement n'aurait pas été effectué avant son entrée en jouissance (1).

Moins d'un an plus tard, le 3 août 1793, l'église était mise en

(1) Arch. de la Seine, carton 95, dossier 1304.

vente et adjugée moyennant 37.200 livres au citoyen Ratadou,
marchand carrier, rue du Faubourg Saint-Jacques agissant pour
le compte de Jean-Etienne Bellenoux, entrepreneur de bâtiments,
demeurant place de Fourcy, nº 979, section de l'Observatoire.

La propriété vendue était ainsi décrite dans l'acte
d'adjudication :
« Cette église contient une nef et bas côtés, avec des chapelles
à droite, sacristie et cour, bâtie avec pilliers de pierre et voûtée
en moellon ; à droite et près le maître-autel, au-dessus de l'église,
est un corps de bâtiment formant deux étages distribués de
chambres ainsi que le dessus des chapelles ».

Dans les charges et conditions, il était stipulé qu'avant de
pouvoir disposer en aucune manière de la propriété par lui
achetée, l'adjudicataire serait tenu de remplir à ses frais toutes
les formalités nécessaires et d'usage pour l'exhumation des corps
enterrés dans lad. église, chapelle et autres lieux en dépendant,
et de faire transporter ces corps aussi à ses frais dans tel cimetière qui lui [serait] indiqué par la municipalité » (1).

Nous savons de même, grâce au *Sommier général des Propriétés
nationales* conservé aux Archives de la Seine, ce que devinrent
les immeubles appartenant à la fabrique de Saint-Hippolyte.

La maison presbytérale, sise rue des Marmousets, nº 7, fut
d'abord le 12 juillet 1792 donnée en location moyennant 460 livres au sieur Oger Pierre, directeur de la manufacture de draps
et teintures de Jullienne, rue des Gobelins. Le 3 août 1793, elle
fut vendue moyennant 21.200 livres à Etienne Bellenoux, l'adjudicataire de l'église. (2)

Une autre maison, jadis propriété de la fabrique Saint-Hippolyte, sise même rue des Marmousets, nº 7, fut vendue également
le 3 août, pour 15.500 livres, au citoyen Bouru, médecin, demeurant rue des Maçons, 444 (3).

(1) Archives de la Seine. Procès-verbal de vente nº 1149. — Salmon
résigna son bail à compter du 5 septembre qui suivit ladite vente.

(2) Archives de la Seine. Procès-verbal de vente nº 1148.

(3) Archives de la Seine, Sommier du Domaine, Section du Finistère et section de la Cité, aux rues indiquées pour cette maison et les
trois suivantes.

Pour être complet, signalons encore quatre immeubles ayant la même origine :

Rue de Lourcine. Une maison, portant le nº 46, qui fut vendue 16.100 livres à un boulanger nommé Mouton, le 27 juin 1794.

Rue des Trois Couronnes et Saint-Hippolyte. Deux maisons, numérotées 4 et 9, qui appartenaient jadis à la Charité de la paroisse et qui furent restituées à l'Agence des Pauvres, en vertu de la loi du 2 brumaire an 4 (1).

Rue de la Licorne (section de la Cité). Une maison, portant le nº 2, qui fut vendue, le 8 pluviose an V, moyennant 28.100 livres au citoyen Bechet, demeurant, 16, rue de Vannes.

***

Nous sommes pareillement fixés sur le sort des œuvres d'art et des archives de Saint-Hippolyte.

Les tableaux qui ornaient l'église désaffectée furent transportés à Saint-Marcel et delà, après la fermeture des temples constitutionnels, au Dépôt provisoire établi dans l'ancien couvent des Petits-Augustins. Le *Journal* de Lenoir mentionne en effet, à la date du 3 nivose an II (23 décembre 1793), l'entrée dans ce dépôt de « vingt tableaux provenant de l'église Saint-Marcel dont le meilleur est de Durameau » (2).

Pour ce qui est des archives de l'ancienne paroisse Saint-Hippolyte, elles avaient été versées d'abord en majeure partie à Saint-Marcel, d'où elles furent ensuite transportées au dépôt établi dans l'ancien hôpital du Saint-Esprit.

Le 1er juin 1793, le citoyen Doullard, marguillier de Saint-Marcel, remit un registre des délibérations de la fabrique Saint-Hippolyte du 13 novembre 1785 au 2 janvier 1791.

Le 2 août suivant, le citoyen Janson, archiviste commissaire

---

(1) Le 28 février 1792, le sieur Acloque, à l'ouverture de la séance de la commission municipale de bienfaisance, avait déposé sur le bureau « une liasse de contrats et titres de propriété de 3.944 livres 13 sols 9 d. de rente sur l'Etat, en 28 parties, constituées au profit des pauvres de Saint-Hippolyte ». Deux contrats avaient toutefois été distraits et remis à des usufruitiers qui y avaient droit. Ces titres furent déposés aux archives de la commission. (Arch. Nat. S 3371.)

(2) Alexandre Lenoir, par Gustave Courajod. Paris, Champion (1878), tome I, p. 23.

en cette partie de la commune de Paris, fit retirer des archives de Saint-Hippolyte déposées à Saint-Marcel et transporter au Saint-Esprit deux liasses contenant : la première 21 pièces, entr'autres le bail des chaises au sieur Poligny, la seconde seulement 2 pièces, dont le bail d'une maison rue Mouffetard.

Nouveaux versements les 17 et 27 décembre par le citoyen Contant, qui remit le sommier des comptes de Saint-Hippolyte (du 1er juillet 1759 à 1791) et deux registres des délibérations de la fabrique : le premier commençant en 1722 et finissant le 27 décembre 1773, le second commençant en février 1774 et finissant en 1785.

Enfin l'enlèvement de ce qui restait à Saint-Marcel fut effectué le 22 juin 1794, après quatre vacations consacrées au triage et au classement des pièces et registres des deux paroisses Saint-Martin et Saint-Hippolyte. Le tout fut transporté ledit jour par une voiture à l'hôpital du Saint-Esprit et placé « au 1er étage dans l'ancienne liquidation, sous le cabinet des Archives » (1).

*
* *

Que devenaient cependant les membres dispersés de l'ancien clergé de Saint-Hippolyte?

---

(1) Arch. Nat. M 705, doss. 20. — Nous ignorons ce qu'il est advenu du sommier des comptes et des trois registres de délibérations de la fabrique, qui nous auraient été d'un grand secours.

Le détail des pièces d'archives de l'ancienne paroisse nous est fourni par l'Inventaire des titres et papiers de la fabrique Saint-Hippolyte, dressé en 1789 par Me Giard, notaire, en exécution de l'arrêt du 16 février même année (Arch. Nat. S 3371). On y trouve notamment l'indication des fondations faites au cours des siècles en faveur de la paroisse et dont plusieurs avaient été plus ou moins réduites par sentence de l'officialité du 28 mars 1708 (Arch. Nat. Z1o 153.)

Elles intéressent les familles Bassa, Bennet, de Berlize, Blondel, de Bonnefoy, Bonnet, Bouillerot, Bourbier, Bourdot, Boutrou, Branchy, Brodeaux, Charles, Clément, Colette, Collart, Cordier, Couette, Chevalier, Coulon, Cousin, Couturier, Cucci, Davenne, Debeaune, Delanqueux, Delahaye, Delatour, Delavigne, Desforges, Desnoyel, Dufay, Dupyré, Durand, Forget, Froger, Gabille, Gaubert, Gobélin, Gourlau, Gosselin, Hanen, Jubline, de Jullienne, Lebreton, Léchaudé, Leprestre, Leprestre de Neubourg, Loizillon, Maillard, Maugras, Maurissant, Mongin, Moret, Olivier, Paul, Perreau, Petit, Pimont, Polet, Potterie, Prieur, Racine, Ravissar, Remond, Savary, Tambour, Tollus, Tresnaud, Tranquin, Tuby, de Vallois, Vaudrix, Vincent, de Vitry.

Disons de suite que leur courage ne se démentit pas un seul jour et qu'ils demeurèrent jusqu'au bout fidèles à eux-mêmes.

De la section de l'Observatoire où il s'était retiré, l'ancien curé Bruté n'avait cessé de veiller sur les vrais catholiques du faubourg Saint-Marcel. Dépouillé de ses ressources (1), obligé de se cacher par crainte des dénonciations, il n'en continua pas moins ce périlleux ministère pendant plusieurs années. Le 16 septembre 1793, le Comité de surveillance de la section lança contre lui un mandat d'arrêt immédiat. Fut-il alors emprisonné ou réussit-il à dérober sa retraite? Du moins un dossier d'accusation fut constitué à son nom et les scellés mis sur ses papiers (2). Nous perdons à cette date toute trace de Bruté. Il dut revenir cependant dans le voisinage de Saint-Hippolyte, dès que les circonstances furent moins critiques, car le Père Le Lasseur, si instruit de tout ce qui concerne la biographie des curés de Paris, observe dans ses notes inédites qu'il mourut le 13 mai 1796, à 71 ans, dans l'ancien XIIe arrondissement (3).

Nous sommes mieux informés sur le sort de l'ancien premier vicaire, Magnelin.

Arrêté le 17 août 1792, rue Neuve-Saint-Etienne, il fut enfermé au séminaire Saint-Firmin (5). On sait que ce séminaire, dont une partie, appelée le bâtiment neuf, subsiste encore à l'angle de la rue des Ecoles et de la rue du Cardinal-Lemoine, avait été choisi par la section des Sans-Culottes (Jardin des Plantes) comme maison de détention pour les prêtres non assermentés : 92 ecclésiastiques y furent enfermés du 13 août au 2 septembre.

---

(1) Bruté avait perdu à la Révolution une pension nette de 1.400 livres dont il était titulaire sur les Economats — ainsi que les revenus du prieuré de Saint-Gilles de Bléron, dans le district de Bourges, dont il était commandataire. (Arch. Nat. S 3371).

(2) Arch. Nat. F7 2514 et le répertoire F7 2515, lettre *b*.

(3) Avant la dispersion des Jésuites, les fiches laissées par le P. Le Lasseur étaient conservées dans la bibliothèque de leur communauté de la rue de Lhomond, où plusieurs de nos confrères ont pu les consulter.

(5) Le nom de Magnelin figure dans l'état des prêtres réfractaires détenus à Saint-Firmin, publié par Guillon. (*Les Martyrs de la foi*, tome I, p. 203.) — L'abbé Ignace Laurent, prêtre échappé aux massacres de Saint-Firmin, signale aussi Magnelin parmi les prêtres qui furent détenus avec lui.

La chambre occupée par Magnelin avait le numéro 1 et se trouvait dans le petit corridor au premier étage du bâtiment neuf (1).

Heureusement mis en liberté avant les massacres, Magnelin se réfugia sur la section de l'Observatoire, où il seconda sans doute Bruté dans son ministère auprès des ouailles de Saint-Hippolyte restées fidèles au légitime pasteur.

Le 23 janvier 1796 (4 pluviose an IV), il venait faire connaître au comité civil de la section des Champs-Elysées son changement de résidence. Il habitait alors 31, rue de Chaillot et exerçait le culte catholique dans l'ancien oratoire de Sainte-Périne (2).

Nommé en 1802 curé de Neuilly, Magnelin démissionna pour raisons de santé le 18 avril 1806 (3). Il mourut le 11 février 1811, à l'âge de 81 ans.

Le second vicaire, Allan, est de tout le clergé de Saint-Hippolyte le seul dont nous ne retrouvions aucune trace après la désaffectation de l'église. On voit bien en 1802 à Saint-Etienne du Mont un prêtre du nom de Allen : mais c'est un ancien oratorien, qui n'a rien de commun avec l'ancien second vicaire de Saint-Hippolyte.

Comme Magnelin, Pierre-Jacques Martin fut emprisonné en 1792 à Saint-Firmin. La liste des prêtres détenus dans ce séminaire, que nous avons déjà citée, nous apprend qu'il avait été arrêté rue Neuve-Saint-Etienne. Il ne fut pas toutefois du nombre des égorgés du 3 septembre. On sait qu'après avoir précipité par les fenêtres une dizaine de prêtres, la bande conduite par l'ex-portefaix Henriot fit grouper les autres détenus, au nombre de quatre-vingt environ, dans le préau du séminaire. Là on fit semblant de faire un choix et on en relâcha une quinzaine. Martin, et aussi Magnelin sans doute, furent libérés à ce moment-là.

(1) Arch. Nat. T 1458. (Procès-verbal d'apposition et de levée des scellés à Saint-Firmin).

(2) Archives de la Seine, D 3568 et D 794. — La carte de sûreté délivrée à Magnelin donnait de lui le signalement suivant : « cheveux et sourcils gris, portant perruque, front moyen, menton pointu, visage quarré, taille de cinq pieds un pouce. »

(3) Voir sa lettre de démission, Arch. Nat. F19 933.

En nivôse an V (Déc. 1796-janvier 1797) Martin fut dénoncé comme exerçant le ministère à Champigny.

Nous le trouvons de fait en 1802 curé de cette localité, puis curé de Créteil où il succéda à Gerdret († le 15 avril 1804).

Le 1er mai 1807 il quittait Créteil volontairement, pour venir prendre du ministère dans une des succursales de Paris dont le nom nous est inconnu (1).

Enfin le 1er septembre 1809 il fut nommé curé de Saulx-les-Chartreux (diocèse de Versailles) où il mourut le 16 février 1810 à 47 ans (2). Il fut inhumé le lendemain dans le cimetière de la paroisse.

Il nous plaît d'évoquer, en terminant, le souvenir d'Henri-Jean Milet, l'ancien diacre d'office de Saint-Hippolyte — un des détenus de Saint-Firmin comme Magnelin et Martin, et de plus, un martyr.

Il avait été arrêté le 18 août au collège de Navarre et occupait à Saint-Firmin la chambre n° 5 au 3e étage du bâtiment vieux. C'est là que se trouvaient encore le 1er mars 1793 divers objets lui ayant appartenu et dont on fit alors l'inventaire, à la requête de son frère et héritier, Pierre-André Milet, imprimeur, demeurant, 140, rue Saint-Jacques (3).

L'abbé Guillon croit pouvoir affirmer que le nom de Milet fut inscrit par erreur sur le registre civil des prêtres massacrés à Saint-Firmin le 3 septembre 1792 et il prétend savoir qu'on le fit évader (4).

Une assertion de ce genre, sans aucune preuve à l'appui et dénuée de toute précision, ne saurait infirmer l'autorité d'une pièce officielle comme l'attestation d'inventaire que nous avons signalée plus haut.

Voici, au surplus, d'après les actes de l'état civil reconstitué aux Archives de la Seine, un extrait de la liste des détenus de Saint-Firmin qui atteste la mort de Milet. Cet extrait se trou-

(1) Arch. Nat. F19 963 et F19 966.

(2) Voir l'acte de décès au registre des sépultures de la paroisse de Saulx-les-Chartreux (Seine-et-Oise).

(3) Arch. Nat. T 1458 (40 et 41e vacation).

(4) Guillon, ouvrage cité, tome IV: voir la note de la page 81.

vait annexé à la minute d'un acte dressé le 24 avril 1793 par
Me Dosne, notaire.

*Extrait de la liste des prêtres réfractaires détenus à Saint-Firmain
à Paris.*

Le deux septembre (1) mil sept cent quatre-vingt-douze est
mort le sieur Henry-Jean Millet, âgé de trente-deux ans, résidant
ci-devant au collège de Navarre.

> Collationné par moi commis en chef, garde des regis-
> tres de l'état civil.

Signé : A. PERRAUD.

En présence de documents officiels semblables, on ne sera pas
surpris que nous considérions Milet comme une des victimes des
massacres de Saint-Firmin.

Ce n'est pas un simple disparu, c'est un martyr !

(1) Cette date est inexacte. C'est le 3 septembre qu'eurent lieu les
massacres de Saint-Firmin.

CHAPITRE XIV

————

LES DERNIERS VESTIGES DE L'ANCIENNE ÉGLISE

Une singulière maison qui a subsisté jusqu'en 1867 rue Saint-Hippolyte. — C'était un reste de l'ancienne église Saint-Hippolyte, démolie partiellement en 1807. — Description de cette maison par Aglaüs Bouvenne, qui y joint quelques notes assez imparfaites sur la paroisse. — Fouilles de 1867 sur cet emplacement, d'après les rapports de M. Vacquer. — Et maintenant, « etiam periere ruinæ ».

Les habitants du quartier des Gobelins purent voir jusqu'en 1867, dans une cour ouvrant sur la rue Saint-Hippolyte, une maison du plus singulier aspect.

La façade de cette maison était constituée, jusqu'à la hauteur du premier étage, par cinq travées d'un des murs latéraux d'une antique nef d'église, dont les arcades ogivales retombaient sur de gros piliers aux chapiteaux ouvragés. Le logement du concierge, une remise pour deux voitures, une écurie pour trois chevaux, un bûcher et une buanderie prenaient jour dans la largeur de ces baies, et au-dessus de ce rez-de-chaussée peu banal s'élevait un étage avec mansardes, aménagé pour des logements d'ouvriers.

Au moment de la revision cadastrale de 1862 (1), la propriété dont faisait partie cette maison et qui portait alors le n° 5 de la rue Saint-Hippolyte, à l'angle oriental formé par la rencontre de cette rue avec la rue des Marmouzets-Saint-Marcel, appartenait à M. Claude Salleron, domicilié à Sens (Yonne).

Elle prenait son entrée sur la rue par une porte cochère au service exclusif du principal locataire, M. Leven, tanneur, et par une simple porte d'allée.

(1) Arch. de la Seine, *Cadastre de* 1862, rue Saint-Hippolyte.

A droite, en entrant dans la cour, l'habitation de M. Leven et de sa famille occupait l'angle de la rue des Marmouzets.

Le bâtiment de gauche n'était qu'un simple appentis servant de remise pour deux voitures.

LES RESTES DE L'ANCIENNE ÉGLISE SAINT-HIPPOLYTE EN 1840
(*D'après un dessin fait sur les lieux par Bonnardot*).

Le bâtiment de face était celui-là même dont nous venons de signaler l'étrangeté. Construit en pierres et moellons de forme irrégulière, élevé sur cave d'un rez-de-chaussée et d'un étage avec mansardes, il était visiblement plus ancien que les constructions de droite et de gauche.

**

Le lecteur a déjà compris que ce bâtiment central, avec sa façade percée de baies ogivales était un reste de l'ancienne église Saint-Hippolyte, désaffectée en 1791 et dont la rue voisine gardait encore le nom.

A quelle date avait commencé la démolition attestée par ces ruines?

Peut-être en 1798, comme l'affirme Clément de Ris dans un article du *Moniteur* du 24 août 1861, sans qu'il nous ait été possible de retrouver aucun document qui confirme cette assertion.

En tout cas, l'œuvre de destruction n'avait été alors qu'ébauchée.

En effet, le 25 novembre 1806, sommation était faite au « sieur Jean Etienne Bellenou, architecte, demeurant rue Saint-Hyacinthe, n° 25, division des Thermès, propriétaire actuel des bâtiments de la ci-devant église Saint-Hippolyte, située rue Saint-Hippolyte ou des Trois Couronnes, au coin de la rue des Marmouzets... de, dans huit jours, parachever la démolition de ces bâtiments, qui auraient dû être démolis de suite d'après le contrat d'acquisition et dont la démolition devait être parachevée avant le premier vendémiaire an quatorze aux termes de la loi du 18 nivôse an XIII, comme aussi de faire clore le terrain, soit par un mur en maçonnerie, soit par une cloison en charpente et en planches de solidité et hauteur convenables, à l'alignement que ledit propriétaire sera tenu de se procurer à l'autorité compétente et non autrement... »

Malgré sa promesse de se conformer promptement à cet ordre, le récalcitrant propriétaire tergiversa encore, puisqu'un procès-verbal du 30 décembre 1806 du sieur Brion, commissaire de police de la ville de Paris, division du Finistère, atteste qu'à cette date il « ne s'était pas même mis en mesure pour satisfaire à lad. sommation. »

Force lui fut toutefois de s'exécuter et c'était chose faite au 23 juillet 1807, car un nouveau procès-verbal en date de ce jour constate qu'enfin « il avait été satisfait à lad. sommation, tant en démolissant lesd. bâtimens qu'en faisant clore led. terrain par un mur de maçonnerie d'une hauteur convenable » (1).

En réalité, Bellenoux avait laissé subsister une partie de l'édifice que n'atteignait pas l'alignement projeté et dont il se promettait de tirer parti.

La description sommaire de l'église dans le procès-verbal de

____

(1) Archives de la Préfecture de Police de la Seine, Section C, n° 72.

l'adjudication qui en fut faite le 3 août 1793 au citoyen Sauveur Ratadou agissant pour le compte de Bellenoux, nous a appris que « à droite et près le maître-autel, au-dessus de l'église [était] un corps de bâtiment formant deux étages (1) distribués de chambres ainsi que le dessus des chapelles. »

C'est ce corps de bâtiment qui fut exclus de la démolition, ainsi que les chapelles qui lui faisaient suite et dont le dessus était immédiatement utilisable. Le plan cadastral de 1811 (2) conservé aux Archives Nationales nous permet en effet de reconnaître qu'à cette époque la ligne des piliers du mur latéral de gauche de la nef subsistait encore dans toute sa longueur primitive.

Dès 1840, au contraire, un dessin au crayon de Bonnardot nous montre que plusieurs travées du bas de la nef ont disparu à leur tour. Il ne reste plus alors que les cinq premières travées à partir du chevet de l'édifice. Les ruines étaient à cette date dans l'état où elles sont demeurées jusqu'au bout (3).

*
* *

C'est surtout à M. Aglaüs Bouvenne, membre de la Société française d'archéologie, que revient l'honneur d'avoir attiré l'attention sur ces précieux vestiges, avant qu'ils ne fussent entièrement détruits.

Déjà sans doute, en 1860, M. Eugène Grésy avait inséré dans le *Bulletin de la Société des antiquaires* (4e trimestre, page 161) une note relative à une frise assez étrange qui se déroulait autour d'une colonne de l'antique église. Mais il ne s'agissait là en somme que d'un détail.

M. Aglaüs Bouvenne publia, en 1861, dans la *Revue de l'art chrétien* (4), un premier dessin des ruines, avec une notice très

----

(1) Archives de la Seine, Procès-verbal n° 1140. Le deuxième étage était constitué par les mansardes.

(2) Quartier Saint-Marcel, Ilots 32-34.

(3) Ce dessin de Bonnardot a été reproduit une première fois dans une note de trois pages sur les ruines de Saint-Hippolyte, que nous avons publiée dans un bulletin de patronage (*La Jeunesse*, décembre 1902) et qui a été l'amorce de la présente monographie.

(4) Numéro de novembre.

succincte. Un exemplaire du tirage à part de cette communication, que nous avons entre les mains, contient une planche nouvelle, dessinée et gravée par M. Bouvenne lui-même : c'est un extrait du plan du quartier Saint-Marcel d'après Jaillot (1774) et une reproduction du dessin de l'église Saint-Hippolyte dans le plan de Louis Bretez, dit de Turgot (1739).

Mais cela ne pouvait suffire au zèle de l'archéologue qui venait pour ainsi dire de découvrir les vestiges de Saint-Hippolyte et, avec ces vestiges, la paroisse dont ils évoquaient les longs siècles d'existence. M. Bouvenne reprit son travail, compléta sa description, réunit de nouveaux renseignements historiques. Le résultat de ses recherches fut une brochure de 14 pages in-8°, publiée en novembre 1866 sous le titre de : *Nouvelles recherches sur l'église Saint-Hippolyte à Paris* (1). Une planche gravée reproduisait les ruines dans leur état dernier, avec la frise décrite par Grésy et un plan fragmentaire du quartier d'après Jaillot.

Nous aurions mauvaise grâce, au terme de cette monographie, à insister sur le caractère rudimentaire de l'étude de Bouvenne et sur les erreurs nombreuses, déconcertantes même, qu'elle renferme (2).

Nous trouvons du moins dans cette brochure un précieux inventaire des parties diverses de l'église qui subsistaient encore en 1866.

Ainsi Bouvenne nous apprend la conservation d'une « chapelle ronde, décorée dans le style du XVIIIe siècle » et recevant le jour par deux grandes fenêtres (3). Dans l'espace

---

(1) La brochure est imprimée à Toulouse, chez Caillot et Baylac. Elle a été tirée à 50 exemplaires sur papier ordinaire et à 6 sur papier vergé. Cette nouvelle étude avait paru d'abord dans le *Moniteur de l'Archéologue.*

(2) Ainsi Bouvenne affirme que, en 1220, le curé de Saint-Hippolyte nommait alternativement avec le chapitre de Saint-Benoit à la cure de Saint-Jacques : or la paroisse Saint-Jacques n'a été érigée qu'en 1633 par arrêt du Parlement du 9 avril. — Il transforme en « prêtre de Saint-Hippolyte » un fils de M. *Le Prestre* de Neubourg, qui est qualifié dans son avis de décès de « mousquetaire de la 2e compagnie ». Autant faire un chapelain, de Le Prestre de Vauban, le ministre de Louis XIV !

(3) Cette chapelle est signalée dans le procès-verbal de la vente du

laissé libre entre les fenêtres se trouvait simulée « une colonne carrée applatie, armée d'un chapiteau » au-dessus duquel régnait une corniche soutenant la coupole. Le sol était fort surélevé et le tout dans un grand état de délabrement. Il n'est pas douteux que cette chapelle ne soit celle qui abritait le tombeau de M. Le Prêtre de Neubourg, fils. Thiéry dit en effet formellement que cette sépulture est « dans la chapelle dans le fond de l'église, à droite » (1).

Le monument funéraire de Monsieur de Neubourg, provenant de Saint-Hippolyte, avait été réservé lors de la vente de l'église et il est question, dans le compte rendu de la séance du 28 juin 1817 de la mairie du XIIe arrondissement (2), d'en demander le rétablissement à Saint-Médard. Il ne fut pas donné suite à ce projet et nous ignorons ce qu'il est advenu du monument.

Bouvenne a reconnu aussi l'existence de deux caveaux qu'il place à tort, il est vrai, au-dessous du chœur et dont nous avons eu l'occasion (page 105) de donner l'emplacement exact. Dans le premier, il a vu « pris dans la maçonnerie, sans doute au moment où les constructions ont été entreprises, un tombeau en pierre avec son couvercle. Comme il était impossible de l'ouvrir par le couvercle, à cause des constructions qui étaient venues se lier aux anciennes fondations, on a dû briser un des côtés, celui près de la tête, afin de s'assurer si ce tombeau n'avait pas été violé ». Bouvenne n'a pas assisté à cette ouverture; mais il sait qu'on a trouvé dans ce tombeau un squelette avec des restes de vêtements qui firent connaître que c'était la sépulture d'un ecclésiastique.

Dans le second caveau, il remarqua seulement une croix de plâtre, faite à même le mur avec la date de 1758. Cette date

---

presbytère comme « formant saillie sur le terrain loué au sieur Ogé, bâtie en pierre et couverte en ardoise. » (Archives de la Seine, procès-verbal 1148).

(1) Thiéry (*Guide des amateurs et des étrangers voyageurs à Paris*, 1787, t. II, p. 207). Bouvenne émet à tort l'hypothèse que l'abbé de Lowendal, doyen du chapitre de Saint-Marcel et bienfaiteur de Saint-Hippolyte, ait pu être inhumé dans cette chapelle. Il fut enterré dans le chœur de son église collégiale entre la tombe de Pierre Lombard et les marches du sanctuaire, comme en témoigne son acte de décès inséré dans les registres capitulaires de Saint-Marcel (Arch. Nat. LL 580, f. 198.)

(2) Archives de la Seine, XIIe municipalité.

marque, nous l'avons vu (page 105), l'année même où fut creusé
ce deuxième caveau.

On ne saurait attacher aucun prix à l'estampage fait par Bouvenne d'une pierre de fondation brisée et mutilée, à laquelle
manquent le nom, la date et tout détail caractéristique permet-
tant de l'identifier — et il eût été mieux inspiré en dessinant
plutôt les fragments de portail qu'il déclare avoir retrouvés
enclavés dans le mur de bordure sur la rue des Marmouzets.
Mr H. Giraud, dans son beau travail publié en 1837 sur *Paris
sous Philippe le Bel*, signalait de même dans la rue des Mar
mouzets « un petit fragment de la grande porte de l'église » (1).
Or on peut voir au musée Carnavalet (2) une ancienne photogra-
phie de la rue des Marmouzets, prise de la rue Saint-Hippolyte.
Sur le mur extérieur d'une petite construction à l'angle gauche
de la rue, on distingue nettement une arrête verticale en pierre
avec un léger filet sculpté, qui se détache nettement sur le plâtre
des parties avoisinantes. Voilà bien sans doute « le petit fragment de la grande porte » mentionné par Giraud.

⁎

Plus rien ne subsiste aujourd'hui, sur place, de ces ruines véné-
rables. Ne faut-il pas toujours aux embellissements d'une
capitale la rançon de quelques sacrifices?

Lorsqu'on ouvrit le boulevard Arago, le percement de cette
large voie fit disparaître presque toute la rue des Marmouzets
et toute la partie de la rue Saint-Hippolyte comprise entre la
rue Pierre-Assis et la rue Pascal. La maison des ruines se trouvait sur le tracé d'expropriation : elle fut détruite. Mais contrai-
rement à ce que pense M. Bournon (3), cette démolition ne s'ac-
complit pas sans qu'on eût pris soin de recueillir quelques-uns
de ces curieux vestiges respectés par le temps.

Les rapports de M. Vacquer sur les fouilles exécutées à Paris
de 1866 à 1868 nous permettent de suivre, mois par mois, le
travail de démolition et signalent avec précision les trouvailles
intéressantes qui furent faites à cette occasion. Nous en citerons

(1) Ouvrage cité, p. 464.

(2) Carton nᵉ 3, Cabinet des Estampes.

(3) Fernand Bournon. *Rectifications et additions à l'histoire du diocèse
de Paris* de l'abbé Le Beuf. I, p 128. — Paris, Champion, 1890.

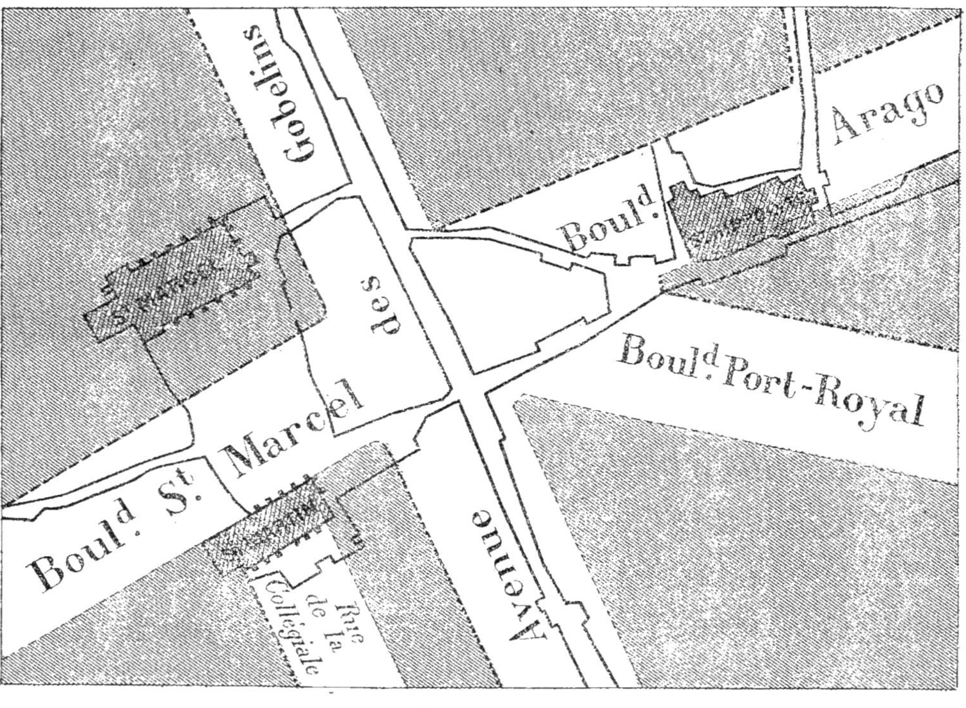

PLAN COMPARATIF DU QUARTIER SAINT-MARCEL (POINT CENTRAL) EN 1791 ET EN 1908

de copieux extraits, ne fût-ce que pour montrer quelle mine précieuse constituent ces rapports pour l'étude de l'archéologie parisienne (1).

Rapport du 30 *avril* 1867. « Je me suis entendu avec M. Legrand, concessionnaire du boulevard Arago, au sujet des objets à réserver dans les démolitions qui vont s'exécuter rue des Marmouzets-Saint-Marcel. M. Legrand abandonne à la ville de Paris tous les objets anciens qui pourront être jugés dignes d'un certain intérêt historique et se charge de les faire respecter par les entrepreneurs de démolition.

Rapport du 24 *juin* 1867. « J'ai fait déposer et enlever les trois chapiteaux sculptés qui avaient été réservés dans les restes subsistant de l'ancienne église Saint-Hippolyte (2).

En opérant la démolition des chapelles ajoutées à l'édifice au siècle dernier, on a trouvé sous l'une des assises inférieures une plaque de fondation en acier, très bien conservée parce qu'elle avait été enveloppée dans deux feuilles de plomb » (3).

Rapport du 23 *décembre* 1867. « Un [autre] égout vient d'être commencé dans la portion extrême du boulevard Arago sur l'emplacement de l'ancienne église Saint-Hippolyte.

En cet endroit, le sol se compose de remblais peu anciens renfermant une assez grande quantité d'ossements humains épars et sans ordre. A l'endroit où se trouvait la nef de l'église, on a découvert un cercueil de plomb, paraissant dater du siècle dernier et affectant une forme ordinaire. Il est dépourvu d'inscription ; une

(1) Bibliothèque de la ville de Paris : papiers de M. Vacquer, dossier 96.

(2) Ces trois chapiteaux ont trouvé place au musée Carnavalet où des étiquettes les signalent à l'attention du public. Ils présentent bien les caractères de la première moitié du XVIe siècle et datent sans doute de la reconstruction de l'église sous les curés Bordier et Savary. L'un des trois est la curieuse frise décrite par Grésy : il est exposé actuellement à l'entrée de la galerie couverte qui longe la rue des Francs-Bourgeois. Les deux autres se trouvent aux côtés de la grande porte cochère qui ouvre sur la même rue.

(3) Suit le texte de l'inscription, que nous avons donné p. 95.
Nous ignorons ce qu'est devenue cette plaque de fondation (0 m 23 de haut sur 0 m 17 de large). Guilhermy (ouvrage cité, t. I, p. 175) dit qu'elle avait été mise en réserve pour le musée municipal de Paris. Mais ni au Musée Carnavalet ni au Musée de Cluny, elle n'a pu nous être montrée.

croix formée d'une mince lame de plomb, rapportée et soudée sur la partie pectorale du coffre, semble indiquer qu'il renferme le corps d'un ecclésiastique. »

Rapport du 3o *décembre* 1867. « La tranchée d'égout du boulevard Arago, ouverte sur l'emplacement de la nef de l'ancienne église Saint-Hippolyte, traverse des remblais d'une date peu reculée, mêlés d'un assez grand nombre d'ossements humains bouleversés et sans ordre, parmi lesquels on a trouvé quelques débris d'un cercueil de plomb paraissant remonter au xviie siècle. »

Rapport du 20 *janvier* 1868. « En achevant les fouilles d'égouts de ce boulevard, on a rencontré, près de la rue Mouffetard et sous l'emplacement qu'occupait l'ancienne église Saint-Hippolyte, plusieurs sépultures très anciennes. Ce sont 1° deux sarcophages en pierre, semblables à ceux trouvés en grand nombre sur ce point... L'un de ces sarcophages, de très petite dimension, avait reçu le corps d'un enfant, 2° deux sarcophages en plâtre de l'époque mérovingienne. L'un de ces derniers portait, sur la face externe de sa paroi de tête, une croix moulée en relief. J'ai fait enlever avec soin ce morceau qui est le premier spécimen de décoration de cercueils en plâtre qui est entré jusqu'ici au dépôt des antiquités de la ville (1).

** *
* *

* *
*

La série des trouvailles paraît bien close désormais. De hauts immeubles enserrent maintenant les magnifiques avenues qui desservent le quartier renouvelé. Tout a une physionomie moderne dans ces voies spacieuses — et qui donc, parmi les passants affairés qui s'y pressent, soupçonne seulement qu'il foule aux pieds, presque à la naissance du boulevard Arago, l'emplacement de l'antique église Saint-Hippolyte au faubourg Saint-Marcel? *Etiam periere ruinæ...*

(1) Voir aussi dans le *Bulletin de la Montagne Sainte-Geneviève*, t. II, p. 177, le compte-rendu des recherches faites par M. Toulouze sur les sépultures des anciens cimetières du groupe religieux de Saint-Marcel.

APPENDICE

RÉPERTOIRE ALPHABÉTIQUE
de plus de six cents baptêmes, mariages ou enterrements,
célébrés en l'église Saint-Hippolyte, de 1604 à 1791.

La publication de ce répertoire nous a paru fournir un utile complément de notre monographie paroissiale de Saint-Hippolyte.

Outre l'intérêt général qui s'attache depuis les criminels incendies de 1871 à tout essai de reconstitution partielle de l'ancien état civil parisien, cette liste présente un autre genre d'intérêt qui lui est propre : sur les 342 noms qui y figurent, la plupart sont en effet des noms d'artistes, peintres, sculpteurs, tapissiers ou autres — et de la sorte, le répertoire ci-après constitue une modeste contribution à l'histoire de l'art français.

Les sources auxquelles nous avons puisé sont très diverses et leur énoncé sera peut-être utile aux érudits que tenterait une recherche semblable pour d'autres paroisses parisiennes.

Les incendies de 1871 ayant détruit absolument tous les anciens registres de Saint-Hippolyte, nous ne possédons la minute d'aucun des actes de catholicité de cette paroisse.

Mais d'abord, certains de ces actes nous sont parvenus sous forme d'extraits authentiques délivrés jadis à la demande des familles.

D'autres nous sont connus par des copies faites avant 1871 sur les registres paroissiaux par des érudits et des chercheurs avisés.

Pour d'autres enfin, dont nous ne possédons aucunement le texte, leur existence nous est signalée par des documents de diverses sortes : billets de faire part, annonces nécrologiques, etc.

et ces mentions, pour indirectes qu'elles soient, ne sont nullement négligeables. (1)

I. — *Extraits authentiques.*

Nous en avons retrouvé une vingtaine aux Archives Nationales : dans les papiers de la paroisse (L 655), — dans les cartons du séquestre (T 1388), — et dans les cartons de la Maison
du roi (O¹668,679) (2).

Ce serait une assez maigre moisson, si les sentences de recti-
fication de l'officialité diocésaine (Arch. Nat. série Z^{1o}) ne nous
avaient fourni encore 35 extraits. Un dépouillement complet de
ces sentences serait particulièrement fructueux pour l'ensemble des paroisses parisiennes.

II. — *Copies.*

Divers érudits avaient relevé des actes de Saint-Hippolyte
avant la destruction des registres paroissiaux. Les copies ou des
extraits de ces actes nous sont connus surtout par les ouvrages
suivants :

Jal, *Dictionnaire critique* : 130 environ.

Herluison, *Actes d'état-civil d'artistes français* : plus de 160 (3).

Les *Archives* et les *Nouvelles archives de l'art français* (4) :
environ 120.

---

(1) Nous rappelons que les registres de l'ancienne paroisse Saint-
Hippolyte, détruits en 1871, commençaient : pour les baptêmes, en 1604
— pour les mariages, en 1626 — pour les enterrements, en 1653.

(2) Les extraits trouvés dans les papiers de la Maison du roi étaient
fournis à l'appui de demandes de pensions. Ceux qui concernent des
artistes ont été publiés par M. Guiffrey en 1876 (*Actes d'état civil d'artistes français*, tirés des Archives Nationales et publiés pour la première
fois).

(3) Piot, (*Etat civil de que'ques artistes français*), n'a guère que 2 ou 3
actes de Saint-Hippolyte qui ne figurent pas dans Herluison.

(4) Années 1888, 1889, 1893 et surtout l'année 1897. C'est dans le volume
de 1897 que M. Guiffrey a publié une abondante série d'actes relatifs aux
artistes des Gobelins, aux tapissiers en particulier, d'après les relevés
faits sur les anciens registres paroissiaux par un de ses prédécesseurs à
la Direction de la Manufacture des Gobelins, M. Lacordaire. Nous aurons

Nous en avons glané quelques autres dans le mémoire de M. Papillon sur les Chauveau, — dans le recueil de M. de Chastellux (*Notes prises aux archives de l'État civil de Paris*) — et dans divers registres de la *collection d'Hozier* au département des Manuscrits de la Bibliothèque Nationale.

III. — *Mentions diverses.*

Quelques décès se trouvent signalés dans les pièces de comptabilité de la paroisse Saint-Hippolyte où nous les avons relevés.

Les *Affiches, Annonces* et *Avis divers*, dans leur partie nécrologique, signalent de même plus de 90 décès, survenus sur la paroisse Saint-Hippolyte dans la seconde moitié du XVIIIe siècle. C'est de beaucoup la source la plus nombreuse de cette série (1).

Nous avons dépouillé aussi les dossiers d'avis de mariage et de décès, constitués aux Archives Nationales dans la série ADxx^c ; ils ne contiennent que très peu de pièces relatives à Saint-Hippolyte, mais les paroisses du centre de Paris, surtout celles habitées par des gens de robe, y sont abondamment représentées (2).

*****

Le répertoire alphabétique que nous publions signale donc un certain nombre de pièces inédites.

Il groupe de plus, autour du même nom, des indications empruntées à des sources très variées et qui se complètent les unes les autres.

occasion de signaler cependant quelques actes relevés par M. Lacordaire qui sont restés inédits.

(1) Le *Journal de Paris* contient lui aussi des annonces nécrologiques : mais elles sont moins abondantes et de plus la date précise des décès n'est pas indiquée.

(2) Nous avons relevé aussi une dizaine d'avis semblables, intéressant la paroisse Saint-Hippolyte, dans la série des *Billets d'enterrement* de 1648 à 1713, publiés par Octave Fidière, d'après le registre conservé à l'école des Beaux-Arts (Paris, Charavay, 1883.)

Voici, à titre d'exemple, comment se décomposent les actes relatifs à quelques artistes bien connus :

Les *Audran*, 11 actes :
      8 — Herluison.
      2 — Nouvelles Archives de l'art français (1897).
      1 — Etat civil reconstitué aux Archives de la Seine.

Les *Leclerc*, 18 actes :
      8 — Herluison.
      7 — Nouvelles Archives de l'art français (1897).
      1 — Papiers Lacordaire.
      1 — Jal.
      1 — Affiches Parisiennes.

Les *Van der Meulen*, 16 actes :
      6 — Jal.
      5 — Herluison.
      2 — Papiers Lacordaire.
      1 — Nouvelles Archives de l'art français (1897).
      2 — Bib. Nat. mns. f. fr. n°s 5862 et 3622.

****

Un répertoire de ce genre est toujours nécessairement incomplet. Tel qu'il est, des archivistes compétents nous ont assuré qu'il rendrait quelques services. C'est assez pour que nous ne regrettions pas les longues recherches dont nous donnons ici le résultat.

PRINCIPALES ABREVIATIONS

A. = Archives de l'art français.
> Le chiffre qui suit indique l'année de cette publication où l'acte a été inséré.

Af. = Annonces, affiches et avis divers.
> Suit le quantième du mois où a paru le numéro de ce périodique auquel nous renvoyons.

A. N. = Archives Nationales.
> Nous indiquons ensuite la cote du carton ou registre dans lequel l'acte est mentionné.

B. N. Mns. = Bibliothèque Nationale, Département des Manuscrits.
> Suit la cote précise.

Cpte Maillet = Compte de gestion d'un marguillier en charge de l'église Saint-Hippolyte, nommé Maillet, pour le deuxième semestre 1778.

E. C. R. = Etat civil reconstitué aux Archives de la Seine.

Guiffrey = *Actes d'état civil d'artistes français…* publiés par M. Guiffrey, en 1876, dans le *Bulletin de la Société de l'histoire de l'art français*.

H. = Herluison (*Etat civil d'artistes français*).
> Les actes d'état civil étant classés dans cet ouvrage par ordre alphabétique, se reporter aux noms de famille.

J. = Jal (*Dictionnaire critique*).
> Le chiffre qui suit renvoie à la page dudit volume.

P. L. = Papiers de M. Lacordaire, conservés à la Manufacture des Gobelins.

Nous avons marqué d'un astérisque (*) quelques actes dont l'attribution à la paroisse Saint-Hippolyte est seulement probable.

Les homonymes sont repertoriés ensemble sans souci de la parenté.

Les dates indiquées sont généralement celles de la *rédaction des actes*. Nous indiquons donc la date du baptême de préférence à celle de la naissance, la date de l'enterrement plutôt que celle de la mort.

RÉPERTOIRE

AÇARQ, dit d'AÇARQ. (Voir *Banvier*).

ACLOCQUE. (Voir *Cazin*).

ALEXANDRE. (Voir *Lemaire*).

ALLIOT.
1693. 24 nov. — Mar. de François Fauste Alliot et d'Anne-Marie Jans. — A. 1897, p. 37.

ANGUIER. (Voir *Cucci*).
1708. 19 juin — Ent. de Guillaume Anguier. — H.

AORKECQUE.
1675. 14 avril — Bapt. d'une fille de Jean Aorkecque. — H.

AUDRAN.
1708. 21 octobre. — Naiss. de Pierre Audran. — H. (en note).
1714. 3 févr. — Bapt. de Suzanne Audran. — H.
1714. 4 févr. — Ent. de Suzanne Audran. — H.
1714. 4 févr. — Ent. de Marie-Marguerite Dossier, femme de Jean Audran. — H.
1732. 13 oct. — Mar. de Michel Audran et de Marie-Agnès Chambonnet. — A. 1897, p. 18.
1740. 15 mars. — Ent. de Gabriel Audran. — H.
1740. 26 mai. — Bapt. de Benoît Audran. — H.

1744. 4 févr. — Bapt. de Prosper Gabriel Audran. — H.
1756. 18 juin. — Ent. de Jean Audran. — H.
1767. 30 sept. — Bapt. de Michel Audran. — E. c. r.
1771. 27 mars — Ent. de Michel Audran. — A. 1897, p. 19.

AUPY. (Voir *Tranchepin*).

*
* *

BACOT.
1719. 4 sept. — Un mariage où Charles Bacot figure comme témoin. — H.

BAILLEUL. (Voir *Scotin*).

BAILLY.
1763. 8 févr. — Ent. de Françoise Catherine Bailly, veuve de Jean Ladey. — A. 1897, p. 41.

BANVIER.
1768. 2 févr. — Mort de Marie-Marguerite Banvier, seconde femme de Jean-Pierre Açarq, dit d'Açarq. — B. N. Mns f. fr. n. acq. 5859, n° 21.

BARBIER.
1778. 26 sept. — Ent. d'une personne de ce nom. — Cpte Maillet.

BARÉ.
1651. 27 oct. — Mar. de Pierre Baré et de Louise Van Dries. — J. 507.

BARRAULT. (Voir *Yvart*).

BARRY. (Voir *Le Bedel*).

BAUDOIN ou **BAUDUIN.**
1670. 12 janv. — Mar. d'Adrien-François Baudoin et de Barbe Van der Meulen.— H et J. 128.
1672. 4 févr. — Bapt. de François Baudoin. — J. 128.
1673. 6 mai. — Naiss. de Catherine Baudoin. — J. 128.

BEDEL. (Voir *Tampon*).
1740. 24 oct. — Bapt. d'Elisabeth Madeleine Bedel. — A. N. O¹ 668.

BELLE.
1766. 7 juin. — Ent. d'Antoine-Marie-Joseph-Sauveur Belle. — A. 1897, p. 19.

BÉNART et **BÉNARD** (Voir *Delacroix*).
1708. 9 juil. — Mar. de Michel Bénart et de Marie-Anne Pineau. — H.
1776. 16 févr. — Ent. de Jean-Baptiste Bénart. — Af. du 22.

BERNARD.
1670. 4 février. — Bapt. d'un tapissier turc de ce nom. — A. 1897, p. 19.

BERTE [de] (Voir *Moussy*).
1677. 15 février. — Mar. d'Armand Berte et de Polyxène de la Croix. — A. 1897, p. 27.

BERTOU, dit **BERTRAND.**
1766. 9 janv. — Ent. d'Antoine Bertou. — Af. du 16.

BETHON.
1762. 10 déc. — Ent. de Jean-Baptiste Bethon. — Af. du 16.

BEVALT (de) (Voir *Van Dries*).

BLONDEAU.
1668. 28 sept. — Ent. de Marie Blondeau, femme de Jacques Dutel. — A. 1888, p. 183.
1783. 25 sept. — Ent. de Nicolas Blondeau. — A. 1897, p. 20.

BLONDEL.
1675. 12 févr. — Mort de Jean Blondel, curé. — Arch. Nat. L 655.

BLONDELLE.
1787. 18 mai. — Ent. d'un sieur P... Th... Blondelle. — Aff. du 19.

BOIZOT. (Voir *Oudry, Flottes*).
1739. 25 mai. — Bapt. de François-Marie-Antoine Boizot. — J. 242.
1743. 9 oct. — Naiss. de Louis-Simon Boizot. — J. 242.
1744. 16 août. — Bapt. de Marie-Louise-Adelaïde Boizot. — Guiffrey, ouvrage cité, p. 8.
1746. 3 juil. — Naiss. de Jean-Baptiste Boizot. — J. 242.
1747. 18 sept. — Naiss. de Louis-François Boizot. — J. 242.
1748. 11 janv. — Naiss. de Charlotte - Henriette Boizot. — J. 242.
1748. 12 sept. — Ent. de M. Boizot, ancien syndic de la volaille. — Af. du 16.
1750. 23 déc. — Bapt. de Marie-Marguerite Boizot.— Guiffrey, ouvrage cité, p. 9.
1758. 11 mai. — Bapt. d'Antoinette - Louise Boizot. — J. 242.

1782. 11 mars. — Ent. d'Antoine Boizot. — Af. du 12 et J. 242.

BONNEMER.
1672. 8 févr. — Mar. de François Bonnemer, et de Catherine Mosin. — H.
1682. 22 août. — Bapt. de François Bonnemer. — J. 246.
1686. 23 mars. — Bapt. de Charles - François Bonnemer. — A. 1897, p. 20.
1689. 10 juin. — Ent. de François Bonnemer. — H.

BORDAT.
1747. 20 avril. — Ent. d'un bourgeois de Paris, de ce nom. — Af. du 24.

BOUCHER.
1742. 29 déc. — Ent. d'un fils de Claude Boucher. — H.

BOUHAULT.
1676. 10 août. — Mar. de Jacques Bouhault. — J. 54.

BOUHOURS.
1772. 11 juillet. — Ent. de Catherine Bouhours, femme de René Tiers. — A. N. Z ^{4o} 209 (8 août 1772).

BOUILLEROT. (Voir *Le Blond*).
1762. 3 janv. — Ent. de Magdelaine Bouillerot, veuve de Nicolas Bouillerot de Saint-Ange. — Af. du 7.

BOUL.
1674. 4 sept. — Ent. d'un *peintre* de ce nom. — H.

BOUQUET.
1693. 9 nov. — Ent. de Marie-Madeleine Bouquet, femme La Fraye. — A. 1897, p. 29.

BOURDICAUD (de).
1751. 31 mai. — Mar. d'Emmanuel de Bourdicaud et de Marie-Suzanne de Neufmaison. — A. 1897, p. 52.

BOURGE (de).
1779. 29 mars. — Ent. de Laurence-Madeleine de Bourge, femme d'Antoine Moinery. — Af. du 31.

BRACHE.
1746. 23 juin. — Ent. de Marie-Madeleine Brache, veuve Carpentier. — Af. du 27 juin.

BRANCHY.
1676. 11 fév. — Mar. de Philippe Branchy et de Catherine Van den Kerchove. — A. 1897, p. 38.
1699. 29 mai. — Ent. de Philippe Branchy. — H.

BRECEY (de).
1778. 14 mai. — Ent. de Marie-Louise de Brecey, veuve de Jean de Jullienne. — Af. du 21

BRUS.
1691. 18 août. — Mar. de Jean Brus et d'Anne Foulon. — A.N. Z ^{4o} 143 (20 juin 1693).

BRUTÉ.
1770. 7 août. — Ent. de Joseph-Guillaume Bruté. — Af. du 9.

BUDEREAU. (Voir *Montmerqué*).

BUTAY. (Voir *Tuby, Verdier*).

* * *

CABOURET. (Voir *Moncornet*).

CAFFIERI.
1665. 20 juil. — Mar. de Philippe

Caffieri et de Françoise Renault. — J. 302.

1666. 5 mai. — Naiss. de Suzanne Caffieri. — J. 302.

1667. 26 juin. — Naiss. de François-Charles Caffieri. — J. 302.

1669. 10 sept. — Bapt. de Marie-Joanne Caffieri. — J. 302.

1671. 15 févr. — Bapt. de Philippe Caffieri. — H.

1672. 20 juin. — Bapt. de François Caffieri. — J. 302.

1673. 23 juillet. — Bapt. de Catherine Caffieri. — H.

1674. 27 août. — Bapt. de Virginie-Marie Caffieri. — H.

1676. 16 mai. — Bapt. de François-Antoine Caffieri. — J. 302.

1677. 18 août. — Bapt. de Guillaume Caffieri. — J. 302.

1678. 25 août. — Bapt. de Jacques Caffieri. — H.

1681. 9 mars. — Bapt. de Jean-Baptiste Caffieri. — H.

1683. 19 sept. — Bapt. d'un enfant dont Philippe Caffieri est parrain. — J. 302.

CANIS. (Voir *Milson*).

CAPRONNIER DE GAUSSECOURT.
1768. 16 avril. — Ent. de Marie-Antoinette Capronnier de Gaussecourt, veuve de Jean-Baptiste Guercy. — Af. du 25.

CARDIN. (Voir *Noinville*).
1720. 27 nov. — Mar. d'Abraham-Antoine Cardin et de Sébastienne-Marie Gentois. — A. N. Z¹⁰ 203 (23 juin 1741).

CARON. (Voir *Laurent, L'Echaudel*).
1709. 20 juin. — Bapt. de Jacques-René Caron. — H.

1781. 8 juillet. — Ent. d'Anne Gabriel Caron. — Af. du 9.

1888. 15 déc. — Ent. d'André J. Caron. — Af. du 17.

CARPENTIER, (Voir *Brache*).

CASSARD.
1694. 28 sept. — Mort d'un Cassard, centenaire. — B. N. Mns. f. fr. n.acq. 3616 (n°1728).

CASSOU.
1749. 17 janv. — Ent. de M. Cassou, chirurgien privilégié du Roy. — Aff. du 23.

CAUMONT.
1674. 19 nov. — Mariage de Gilles Caumont et de Marie-Angélique Caumont. — H.

CAZIN.
1746. 7 août. — Ent. d'Elisabeth, femme Aclocque. — Af. du 11 août.

CELERIER.
1756. 24 oct. — Ent. de François Celerier. — Af. du 28.

CHABOT. (Voir *Moret, Van den Kerchove*).
1688. 21 déc. — Bapt. de Jeanne Catherine Chabot. — A. N. Z¹ᵃ 202 (17 sept. 1738).

CHAGNET. (Voir *Marie*).

CHAMBONNET. (Voir *Audran*).

CHARPENTIER.
1736. 12 juin. — Bapt. de Jean-Baptiste Charpentier. — A. N. Z¹⁰ 209 (27 mars 1770).

CHATELAIN.
1755. 3 août. — Ent. de N. Chatelain. — Af. du 7.

1779. 22 janv. — Ent. de Marie-Geneviève Chatelain, veuve Le Flamand. — A. 1897, p. 47.

CHAUFOURIER.
1703. 5 nov. — Mar. de Jean Chaufourier et de Anne Edelinck. — H.

CHAUVEAU.
1690. 7 févr. — Mar. de René Chauveau et de Catherine Cuncy. — Mémoire sur les Chauveau, par Papillon, p. 41.
1690. 8 nov. — Bapt. de René-Dominique Chauveau. — H.
1692. 19 janv. — Bapt. de Marie-Catherine Chauveau. — *Ibidem*.

CHAVANNES (de).
1744. 24 déc. — Ent. de Pierre-Salomon Domanchin de Chavannes. — H.

CHEFDEVILLE.
1672. 21 avril. — Bapt. de Louise-Charlotte Chefdeville. — H.

CHEREAU.
1722. 9 février. — Mar. de Jacques Chéreau et d'Anne-Antoinette Yvart. — J. 378.

CHEVAL.
1751. 20 déc. — Ent. de Hubert Cheval. — Af. du 23.

CHEVET.
1781. 11 juin. — Ent. de Louis-Antoine Chevet. — Af. du 12.

CHOULE.
1709. 21 nov. — Ent. d'Elisabeth Choule, veuve de Louis Durus. — H.

CIRIEZ. (Voir *Oger*).

CLÉMENT. (Voir *Cussat, Cretté*).
1757. 10 nov. — Ent. de Geneviève Clément, veuve de Louis Dugesne. — A. N. L 655.

CLERAMBOUR.
1772. 16 mai. — Ent. de Jean-Baptiste Clerambour. — Af. du 21.

CLISSON. (Voir *De la Vigne*).

CLOUD. (Voir *De la Mair*).

COCUELL.
1679. 21 déc. — Ent. de Marguerite Cocuell, femme de Jean-Baptiste Tuby. — H.

COMANS (de).
1608. 1er décembre. — Bapt. de Suzanne de Comans. — A. 1897, p. 20.
1610. 23 janvier. — Bapt. de Jérôme et d'Alexandre de Comans. — A. 1897, p. 21.
1661. 11 sept. — Ent. de Catherine de Comans, veuve de Jean Vandrenesse. — A. 1897, p. 21.

COMBOT.
1707. 18 juin. — Ent. de Renée Combot, veuve de Jacques Comer. — H.

COMER. (Voir *Combot*).

CORDIER.
1638. 30 janvier. — Bapt. de Catherine Cordier. — J. 506.

CORNEILLE.
1640. 14 juillet. — Bapt. de Michel Corneille. — H.
1708. 17 août. — Ent. de Michel Corneille. — H.

CORNU.
1778. 14 nov. — Ent. d'une personne de ce nom. — Cpte Maillet.

COSSARD.
1778. 4 oct. — Ent. d'une per-

sonne de ce nom. — Cpte Maillet.

COTELLE.
1675. 18 novembre. — Bapt. du premier fils de Jean Cotelle. — J. 433.

COULON.
1636. 16 janvier. — Ent. de Gabriel Coulon, curé. — A. N. LL 538, fol. 95.
1644. 25 juillet. — Ent. de Charles Coulon, curé. — A. N. LL 570, fol. 22.

COUSTOU. (Voir *Hulot, Fransin*).
1690. 18 sept. — Mar. de Nicolas Coustou et de Suzanne Houasse. — J. 444.

COURTIN.
1750. 9 oct. — Ent. de Marie-Charlotte Courtin, veuve Jullienne. — Af. du 12.

COUTELIER.
1660. 25 déc. — Mar. de Martin Coutelier et de Jacquette Mersange, veuve Poulain. — J. 1324.

COYREAU. (Voir *Lefranc*).

COYSEVOX.
1678. 7 nov. — Naiss. de Claude-Suzanne Coysevox.* — J. 451.
1679. 21 avril. — Mort de Claude-Suzanne Coysevox.* — J. 451.
1680. 13 avril. — Bapt. de Charles-Jacques Coysevox. — P. L.
1682. 15 juil. — Naiss. d'Anne-Virginie Coysevox.* — J. 451.
1683. 8 nov. — Naiss. de Pierre Coysevox. — J. 451.
1685. 10 juin. — Naiss. de Claude Coysevox. — J. 451.
1686. 16 nov. — Naiss. de Jean-Baptiste Coysevox.* — J. 451.
1688. 1er août. — Naiss. de Marguerite Coysevox. — J. 451 et 693.
1689. 14 oct. — Naiss. de Nicolas Coysevox. — J. 444, 451,
1691. 29 déc. — Naiss. de Suzanne Coysevox. — J. 451.
1693. 26 mars. — Bapt. de Jules-Antoine Coysevox. — A. 1897, p. 21.
1694. 11 nov. — Naiss. de Martial Coysevox. — J. 451.
1696. 9 mars. — Mort de Jules-Antoine-Coysevox. — J. 451.

COZETTE (Voir *Van den Kerchove, Jumelet, Cozette*).
1714. 14 janv. — Bapt. de Pierre-François Cozette. — A. N. O¹ 672.
1734. 18 avril. — Ent. d'Antoine Cozette. — A. 1897, p. 22.
1737. 29 juil. — Mar. de Pierre-François Cozette et de Marie-Madeleine Audiger Dubreuil. — A. 1897, p. 23.
1747. 24 juin. — Ent. d'un officier de bouche du Petit commun de la Reine, de ce nom. — Af. du 26.

CRETTÉ.
1765. 11 février. — Ent. de Geneviève, veuve N. Clément. — Af. du 18.

CUCCI. (Voir *Lalouette, Chauveau*).
1665. 4 avril. — Bapt. de Charles Cucci. — J. 461.
1666. 27 juin. — Bapt. de Paul-Joseph Cucci. — J. 461.
1668. 22 fév. — Bapt. d'Antoine Dominique Cucci. — J. 461.
1669. 29 avril. — Bapt. de Jeanne Cucci. — J. 461 et 641.

1670. 16 nov. — Bapt. de Jeanne Cucci. — H.

1674. 28 nov. — Mort de Marguerite Cucci. — J. 461.

1675. 2 août. — Bapt. de Madeleine Cucci. — J. 461 et 469.

1676. 12 nov. — Bapt. de Françoise Cucci. — J. 461.

1678. 23 fév. — Mar. de Dominique Cucci et de Catherine Anguier. — H. (J. 502 dit le 20)

1695. 19 juil. — Ent. de Marie Cucci. — J. 461.

CURMER.

1772. 7 févr. — Mar. de Michel Curmer et de Marie-Geneviève-Dorothée Neilson. — A. 1897, p. 51.

CUSSAT.

1675. 26 février. — Mar. de Joseph Cussat et de Marie Clément. — J. 462 et P. L.

***

DAGLY.

1728. 21 déc. — Ent. de Jacques Dagly. — A. 1897, p. 27.

DE BAUNE.

1678. 22 août. — Un mariage où Roger de Baune est témoin. — H.

DE LA CROIX ou LA CROIX. (Voir aussi *Berte*, *Bénard*).

1610. 26 sept. — Bapt. de Catherine de la Croix. — A. 1897, p. 21.

1668. 6 août. — Bapt. de Jeanne de la Croix. — H.

1681. 27 avril. — Ent. de Catherine de la Croix. — A. 1897, p. 28.

1681. 28 août. — Ent. de Marie de la Croix. — A. 1897, p. 28.

1692. 1er sept. — Mar. de François de la Croix et d'Anne-Geneviève Fremery. — A. 1897, p. 28.

1707. 14 juin. — Bapt. d'Etienne-Charles de la Croix. — H.

1707. 4 sept. — Ent. de Nicolas-François de la Croix. — H.

1712. 13 sept. — Ent. de Jean de la Croix. — A. 1897, p. 28.

1737. 12 août. — Ent. de Dominique la Croix. — A. 1897, p. 29.

1740. 27 avril. — Ent. de Marguerite-Geneviève la Croix, veuve de Jean de la Fraye. — A. 1897, p. 30.

1746. 24 août. — Ent. de Geneviève la Croix. — Af. du 29 août.

1787. 1er août. — Ent. de Marie-Marguerite la Croix, veuve de Jean-Baptiste Bénard. — Af. du 2.

DE LA FOLLYE.

1784. 17 févr. — Ent. d'un sieur de ce nom. — A. N. AD$^{xx^e}$ 84.

DELAFOND.

1787. 22 déc. — Ent. de Jacques Philippe Delafond. — Af. du 23.

DELAFOSSE.

1769. 16 août. — Mort de Jean Delafosse, curé. — A. N. LL 581, fol. 80.

1782. 30 déc. — Ent. de Barbe-Catherine Delafosse. — E. c. r.

DE LA FRAYE. (Voir *Bouquet*, *De la Croix*).

1689. 14 nov. — Bapt. de Jeanne-Françoise de la Fraye. — A. 1897, p. 29.

1693. 14 nov. — Ent. de Jean François de la Fraye. — A. 1897, p. 30.

1706. 23 avril. — Bapt. de Marie-Thérèse de la Fraye. — Guiffrey, ouvrage cité, p. 29.

1707. 23 févr. — Bapt. de Jean-Louis de la Fraye. — A. 1893, p. 142.

1730. 25 avril. — Ent. de Jean de la Fraye. — A. 1897, p. 30.

1787. 1er avril. — Ent. de Marie-Thérèse de la Fraye. — A. 1897, p. 30.

DE LA MAIR.

1709. 7 févr. — Mar. de Pierre-Alexis de la Mair et de Marie-Elisabeth Cloud. — H.

DE LA PLANCHE.

1604. 25 nov. — Bapt. de Françoise de la Planche.— A. 1897, p. 31.

1606. 7 mai. — Bapt. de Pierre de la Planche. — A. 1897, p. 31.

1609. 12 févr. — Bapt. de François de la Planche. — A. 1897, p. 31.

DE LA TOUR.

1734. 27 oct. — Ent. de Louis-Ovis de la Tour. — A. 1897, p. 31.

1749. 20 oct. — Mar. de François Ovis de la Tour et de Marie-Anne Henry. — A. 1897. p. 32.

1779. 14 juillet. — Ent. de Dominique Ovis de la Tour. — A. 1897, p. 32.

DANICAN (Voir *Philidor*).

DE LA VIGNE.

1749. 27 nov. — Ent. de Marie-Françoise de la Vigne, veuve Clisson. — Af. du 4 déc.

DEQUOY. (Voir *Malivoire*).

1727. 12 sept. — Ent. de Simon Dequoy. — A. 1897, p. 32.

1750. 30 déc. — Ent. de Nicolas Dequoy. — A. 1897, p. 33.

1765. 1er janv. — Ent. de Pierre Simon Dequoy. — A. 1897, p. 34.

DEROUSSY.

1669. 20 janv. — Bapt. de Jacques-Christophe Deroussy. — H.

DEROY.

1747. 31 janv. — Ent. de Marie-Marguerite Deroy, épouse Le Beau. — Af. du 2 fév.

DESFONTAINES.

1783. 14 juin. — Ent. d'Armand Louis Desfontaines. — Af. du 15.

DESPESCHES.

1675. 4 mars. — Naiss. de Claude Despesches. — J. 490.

1677. 28 mars. Bapt. de Gabriel Despesches. — J. 490.

1679. 2 déc. — Bapt. de Jean Despesches. — J. 490.

DESRUEZ. (Voir *Fromont*).

DE VOS.

1778. 24 nov. — Ent. d'une personne de ce nom. — Cpte Maillet.

DOSSIER, ou DASSIER. (Voir *Audran*).

DUBREUIL (Voir *Cozette*).

1787. 14 juil. — Ent. de Marie-Madeleine Audiger Dubreuil, femme de P. François Cozette. — A. 1897, p. 23.

DUBY. Voir *Van der Meulen*).

DUGENNE (Voir *Gerrin*).

DUGESNE (Voir *Clément*).

DUJARDIN.
1783. 16 juin. — Ent. de Préto-
nille Dujardin, veuve de
Jacques Tonnelier. — Af. du
18.

DUMAS.
1709. 21 juil. — Bapt. d'un
enfant dont Angélique Dumas
est la marraine. — H.

DUPART. (Voir *Meslin*).
1719. 8 juin. — Bapt. de Marie-
Marguerite Dupart. — A. N.
Z^{1o} 209 (13 mars 1771).
1768. 5 juin. — Ent. de Marie-
Marguerite Dupart, veuve Michel Meslin. — *Ibidem*.

DUPUIS.
1700. 9 févr. — Mar. de Grégoire
Dupuis et de Marie-Made-
leine Geneviève Edelink. — H.

DURU, ou DURUS. (Voir *Choule*).
1708. 13 juil. — Ent. de Marie-
Anne Duru. — H.

DUSAUSOY.
1696. 11 août. — Bapt. d'Etienne Dusausoy. — A. N. Z^{1o} 210
(2 nov. 1775).
1734. 14 nov. — Bapt. d'Anne
Dusausoy. — *Ibidem*.
1763. 8 févr. — Ent. d'Etienne
Dusausoy. — *Ibidem*.

DUTEL. (Voir *Blondeau*).

DUVAL.
1737. 7 oct. — Mort de Denis Duval, curé. — A. N. LL 579,
fol. 199.
1754. 11 déc. — Ent. de Maurice
Duval. — E. c. r. (10 déc. 1754).

* * *

EDELINCK. (Voir *Dupuis, Chaufourier*).
1699. 15 déc. — Bapt. d'un enfant dont Anne Edelinck est
marraine. — J. 525.
1707. 3 avril. — Ent. de Gérard
Edelinck. — H.
1707. 23 août. — Mar. de Michel
Gérard Edelinck et de Marie-
Marguerite Garnier. — H.

ESPINOY (d').
1750. 16 févr. — Naiss. d'Aglaé-
Louise d'Espinoy. — De Chastellux, ouvrage cité, p. 255.

* * *

FAYET.
1679. 10 avril. — Ent. de Simon
Fayet. — A. 1897, p. 34.

FEBVRIER.
1708. 20 nov. — Mar. de Jean-
François Febvrier et de Madeleine-Marguerite Jans. — Arch.
Nat. Z^{1o} 202. (13 déc. 1736).

FINET.
1722. 19 janv. — Mar. de Jean
Finet et de Marie-Catherine
Monnin. — A. N. Z^{1o} 204.
1741. 5 nov. — Inh. de Jean Finet. — A. N. Z^{1o} 203 (22 sept.
1742).

FISAMEN.
1707. 4 oct. — Mar. de Claude
Fisamen et de Suzanne Prou.
— H.
1708. 2 août. — Bapt. de Suzan-
ne-Perrette Fisamen. — H.

FLOTTES.
1762. 26 janv. — Ent. de Jean-
ne-Marie Flottes, femme de
Antoine Boizot. — A. 1897,
p. 20.

* * *

FONTAINE. (Voir *Le Coq*).

1754. 24 nov. — Ent. de Valentin Fontaine. — Af. du 28.

FORTIN.

1702. 1ᵉʳ mars.—Bapt. de Marie-Françoise Madeleine Fortin. — A. N. O¹ 678.

FOUCAULT.

1778. 13 août. — Ent. d'une personne de ce nom. — Cpte Maillet.

FOULON. (Voir *Brus*).

FOUQUER.

1667. 4 sept. — Bapt. de Geneviève Fouquer. — A. N. Z¹º 200 (20 juillet 1730).

1670. 15 mars. — Bapt. de Jeanne Fouquer. — *Ibidem*.

FRANCART. (Voir *Mazeline*).

1669, 15 juillet. — Mar. de François Francart et d'Anne-Elisabeth Legeret. — H.

1672. 11 août. — Ent. de François. — J. 606.

FRANSIN.

1693. 12 janv. — Mar. de François-Alexis Fransin et d'Eléonore Coustou. — H. et J. 444.

FREMIN.

1783. 14 juil. — Mar. d'un sieur Frémin avec une demoiselle Cozette. — A. N. ADˣˣᵉ 89.

FROMENTIN.

1739. 22 août. — Mar. de Charles-Louis Fromentin et de Geneviève-Cantienne Laurot. — A. N. Z¹º 209 (25 févr. 1771).

FROMONT.

1783. 2 oct. — Ent. de Marie-Catherine Fromont, femme de Nicolas Desruez. — Af. du 4.

***

GACHET.

1674. 25 juil. — Bapt. d'un enfant dont Etienne Gachet est parrain. — H.

1679. 5 avril. — Bapt. de Marguerite Gachet. — Piot.

GAILLARD.

1747. 13 nov. — Ent. de Mᶜ Jean-Gaspard Gaillard. vicaire. — Af. du 16 nov.

GARNIER. (Voir *Edelink.*)

GENNEAU.

1785. 8 mai. — Ent. de Catherine Genneau, femme de Michel-René Potié. — Aff. du 10.

GERRIN.

1747. 7 juin. — Ent. de Marguerite Gerrin, veuve Dugenne. — Af. du 8.

GIRARD.

1787. 17 janv. — Ent. de Jacques-Nicolas Girard. — Af. du 18.

GODHEU.

1788. 7 août. — Ent. de Françoise Godheu, femme de N. Mallet. — Af. du 9.

GOYTON. (Voir *Grignon*).

1714. 16 juin. — Ent. de Jean Goyton. — H.

GRANDMAISON (de).

1778. 11 déc. — Ent. d'une demoiselle de ce nom. — Cpte Maillet.

GREMILLET.

1782. 7 sept. — Ent. de Sœur Anne Fr. Gremillet.— Af. du 8.

GRIGNON.
1707. 17 janv. — Ent. de Marguerite Grignon, femme de Jean Goyton. — H.

GUERCY. (Voir *Capronnier de Gaussecourt*).

GUILLOT.
1779. 9 janv. — Ent. de Charlotte Guillot, veuve Leclerc. — Af. du 11 .

GUYOT.
1671. 26 janv. — Mar. de Nicolas Guyot et de Marie Rigault. — A. 1897, p. 55.

**
HALLET.
1754. 20 août. — Ent. de Michel-Robert Hallet. — Aff. du 26.

HAMON.
1778. 23 nov. — Ent. d'une personne de ce nom. — Cpte Maillet.

HANARD.
1707. 29 mars. — Bapt. d'un enfant où Jean et Nicolas Hanard sont témoins. — H.

HANIER.
1778. 17 sept. — Ent. d'une personne de ce nom.—Cpte Maillet.

HARNIER.
1687. 14 sept. — Bapt. d'Elisabeth Harnier. — H.

HECQUET.
1762. 17 sept. — Ent. de Jacques Hecquet de Villets. — Af. du 23.

HÉNOT.
1679. 28 mai. — Ent. de Jean Hénot. — J. 1056.

HENRY (Voir *De la Tour*).

HIARD. (Voir *Sollier*).

HIECMANE.
1749. 27 janv. — Mar. de Louis Hiecmane et de Catherine-Barbe Vigor. — A. N. Z¹ᵒ 211 (14 juillet 1781).
1750. 1ᵉʳ janvier. — Bapt. de Anne-Catherine Hiecmane. — A. N. Z¹ᵒ 210 (8 fév. 1777).
1755. 12 mars. — Bapt. de Marie-Adrienne Hiecmane. — A. N. Z¹ᵒ 211 (14 juillet 1781).
1765. 9 juil. — Ent. de Louis Hiecmane. — *Ibidem*.

HORQUIN.
1752. 20 nov. — Ent. de Marie-Firmine Horquin, femme de J.-Bapt. Le Vasseur. — Af. du 27.

HOUASSE. (Voir aussi *Coustou*).
1673. 5 févr. — Mar. de René-Antoine Houasse et de Marie Le Bé. — H.
1673. 27 nov. — Bapt. d'Agnès-Suzanne Houasse.— H. (J. 687 dit 27 déc.).
1675. 16 août. — Bapt. de René-Philippe Houasse. — J. 687 et P. L.
1679. 26 juil. — Ent. de René-Philippe Houasse. — P. L.

HULOT.
1685. 26 févr. — Mar. de Guillaume Hulot et d'Elisabeth Coustou. — H.
1685. 16 déc. — Bapt. de Antoine Hulot. — H.
1693. 20 oct. — Naiss. de Suzanne Hulot.* — J. 693.
1699. 1ᵉʳ janv.—Mort d'un fils nouveau-né de Guillaume Hulot. — J. 693.

HUSEWELL.
1677. 13 janv. — Ent. de Catherine Husewell, femme de François Van der Meulen. — H.

***

JACQUEMART.
1760. 12 mars. — Ent. de Quentin Jacquemart. — A. N. O¹ 2045.

JACQUES.
1784. 27 mars. — Ent. de Maurice Jacques. — A. 1897, p. 34.

JANS. (Voir aussi *Rochon, Alliot, Febvrier*).
1665. 20 juillet. — Mar. de Jean Jans et d'Anne Le Bé. — A. 1897, p. 35.
1668. 19 mai. — Ent. de Jean Jans. — A. 1897, p. 35.
1676. 4 janv. — Bapt. de Marie-Madeleine Jans. — A. 1897, p. 36.
1677. 28 sept. — Bapt. de Thomas Jans. — A. 1897, p. 36.
1681. 10 nov. — Bapt. de Madeleine-Marguerite Jans. — A. N. Z¹⁰ 202, au 13 déc. 1736.
1687. 20 juin. — Ent. de Jean Jans. — A. 1897, p. 36.
1687. 12 oct. — Bapt. de Louis-Armand-Jean Jans. — A. 1897, p. 36.
1723. 8 mai. — Ent. de Jean Jans. — A. 1897, p. 37.
1726. 30 mars. — Mort de Jean-Marie Jans de Préval. — A. 1897, p. 37 (en note).
1731. 18 mars. — Ent. de Jean-Jacques Jans. — A. 1897, p. 37.

JOGUES. (Voir *Tuby*).

JOULLAIN.
1757. 26 mai. — Mar. de Charles Joullain et de Catherine-Louise Le Clerc. — A. 1897, p. 45.

JOUVENET.
1687. 30 juillet. — Ent. de Jean Jouvenet. — H.

JULLIARD.
1790. 20 avril. — Ent. de Nicolas-Jacques Julliard. — A. 1897, p. 38.

JULLIENNE et de **JULLIENNE** (Voir *Courtin, Morel, de Brecey*).
1654 . . . . . — Naiss. de François de Jullienne. — *Moniteur* du 24 août 1861.
1686. 29 nov. — Naiss. de Jean de Jullienne. — *Ibidem*.
1722. 23 juillet. — Bapt. de François de Jullienne. — B. N. mns. carrés d'Hozier, 360.
1727. 29 janv. — Bapt. de Marie-Françoise de Jullienne. — *Ibidem*.
1733. 15 fév. — Mort de François de Jullienne. — B. N. mns. nouv. d'Hozier, 196.
1759. 2 sept. — Bapt. de Jean Jullienne. — E. c. r.
1766. 21 mars. — Ent. de Jean Jullienne. — A. 1897, p. 38.
1781. 19 janv. — Inh. de Jean-Alexandre Jullienne. — Af. du 20.
1783. 31 janv. — Inh. de Martin Jullienne. — Af. du 1ᵉʳ fév.

JUMEL.
1747. 20 janv. — Ent. de Catherine, veuve Lheureux. — Af. du 23.

JUMELET.
1780. 21 janv. — Ent. d'Anne-Louise, veuve d'Edouard Cozette. — Guiffrey, ouvrage cité, p. 13.

* * *

LADAY ou LADEY. (Voir *Bailly*).
1749. 18 mai. — Ent. de Jean-Marc Laday. — H.
1749. 27 juil. — Ent. de Reine-Françoise Laday. — H.

LALOUETTE.
1699. 26 nov. — Mar. de Jean-Chrysostome Lalouette et de Catherine-Suzanne Cucci. — H. et J. 462.

LANIÉ ou LANIER.
1745. 16 sept. — Bapt. d'Anne-Jeanne Lanié. — A. N. O¹ 679.

LA PIERRE.
1641. 2 juillet. — Bapt. de Madeleine La Pierre. — J. 506.

LARCHEVESQUE.
1787. 13 mai. — Ent. de l'abbé Louis-Etienne Larchevesque. — Af. du 14.

LARGOIS.
1782. 27 sept. — Ent. d'Anne Largois, femme Sinet. — Af. du 29.

LASNE.
1694. 15 sept. — Mort de Claude-Françoise Lasne, veuve Louis Ollivier. — A. N. L 655, n° 10.

LAURENT.
1669. 17 sept. — Ent. de Henry Laurent. — A. 1897, p. 41.
1670. 27 oct. — Ent. de Girard Laurent. — A. 1897, p. 41.
1753. 9 juil. — Ent. de Marie-Anne Laurent, veuve de Louis Caron. — Af. du 12.

LAUROT. (Voir *Fromentin*).

LE BÉ. (Voir *Jans, Lebrun, Houasse, Villers*).
1668. 1ᵉʳ juin. — Présentation à Saint-Hippolyte du corps de Julienne Le Bé, femme de Nicolas Lebrun, décédée aux Gobelins chez son fils Charles et inhumée à Saint-Nicolas-du-Chardonnet. — J. 752.

LE BEAU. (Voir *Deroy*).

LE BEDEL.
1748. 17 juil. — Ent. d'Anne Le Bedel, veuve de Joseph-René Barry. — Af. du 22.

LE BEL DELMOR.
1784. 18 avril. — Ent. de Marie-Madeleine Le Bel Delmor, femme d'Antoine Moinery. — Af. du 20.

LEBLOND.
1727. 23 sept. — Ent. d'Etienne Leblond. — A. 1897, p. 42.
1732. 22 déc. — Mar. d'Etienne-Claude Leblond et de Madeleine Bouillerot. — A. 1897, p. 42.
1751. 7 mai. — Ent. d'Etienne-Claude Leblond. — A. 1897, p. 43.

LE BOITTEUX. (Voir *Martin*).

LEBRETON.
1703. 12 mars. — Ent. du curé Michel Lebreton. — A. N. L 616.

LEBRUN. (Voir *Le Bé*).
1690. 14 févr. — Présentation à Saint-Hippolyte du corps de Charles Le Brun, inhumé à Saint-Nicolas-de-Chardonnet. — H.

L'Echaudel.
1779. 12 août. — Ent. de Geneviève l'Echaudel, femme de André-Jean Caron. — Af. du 14.

Leclerc. (Voir *Joullain, Guillot*).
1673. 21 nov. — Mar. de Sébastien Leclerc et de Charlotte Van Kerchove. — H.
1675. 23 juil. — Bapt. de Catherine-Charlotte Leclerc. — H.
1676. 1er oct. — Bapt. de Sébastien Leclerc. — A. 1897, p. 43.
1679. 4 mars. — Bapt. de François Leclerc. — H.
1680. 26 déc. — Ent. de François-Celleri Leclerc. — A. 1897, p. 44.
1682. 3 juil. — Bapt. de Charles Leclerc. — A. 1897, p. 44.
1686. 13 mars. — Bapt. d'Anne-Catherine Leclerc. — H.
1687. 1er avril. — Bapt. de Jean-Baptiste Leclerc. — A. 1897, p. 44.
1688. 30 nov. — Bapt. de Louis-Auguste Leclerc. — P. L. (C'est par erreur que ce baptême est daté de 1682 dans A. 1897, p. 44.)
1692. 30 juil. — Bapt. de François Leclerc. — A. 1897, p. 44.
1693. 3 sept. — Bapt. de Claude Leclerc. — A. 1897, p. 45.
1694. 8 janv. — Ent. de Jean-Baptiste Leclerc. — A. 1897, p. 45.
1707. 28 juin. — Ent. de Charles Leclerc. — H.
1714. 26 oct. — Ent. de Sébastien Leclerc. — H.
1733. 8 août. — Naiss. d'un fils de Sébastien Leclerc.*—J. 755.
1745. 24 févr. — Bapt. de Marie-François Leclerc. — H.
1763. 30 juin. — Ent. de Sébastien Leclerc. — H.

1785. 18 mai. — Ent. de Jacques-Sébastien Leclerc. — Af. du 19.

Lecomte ou **Le Comte.**
1681. 7 déc. — Ent. de Louis Lecomte. — H.
1689. 26 juin. — Mar. de Sauveur Lecomte et de Suzanne-Louise Legeret. — H.
1690. 26 juil. — Bapt. de Claude-Françoise Le Comte. — H.
1694. 31 déc. — Mort de Sauveur Lecomte. — H.

Le Coq.
1777. 21 mars. — Ent. de Catherine, femme de René-Fontaine Le Coq. — Af. du 27.

L'Ecouvet.
1789. 2 mars. — Ent. de Victoire-Mélanie L'Ecouvet, femme de Fr.-Louis Varet. — Af. du 3.

Ledan.
1715. 13 juin. — Bapt. de Charles-Pierre Ledan. — A. N. Z1o 207. (28 juin 1763).

Lefebvre.
1668. 20 mai. — Bapt. de Charles Lefebvre. — A. 1897, p. 46.
1678. 15 août. — Bapt. de Josse Lefebvre. — A. 1897, p. 46.
1700. 31 oct. — Ent. d'un tapissier des Gobelins de ce nom. — A. 1897, p. 46.

Le Flamand. (Voir *Chatelain*).
1763. 9 févr. — Ent. de Simon-Jean Le Flamand. — A. 1897, p. 46.

Lefranc.
1778. 10 oct. — Ent. de Marguerite Perrette Lefranc, veuve de Jacques-Antoine Coyreau. — Af. du 19.

Legaigneur.
1685. 5 janv. — Ent. de Catherine Legaigneur, femme Yvart. — H.

Legeret. (Voir *Francart-Le Comte*).
1666. 10 mai. — Mar. de Jean Legeret et d'Elisabeth Yvart. — J. 758.
1667. 20 mai. — Bapt. de Louise-Suzanne Legeret. — J. 758 et 786.
1670...... — Mort d'Anne-Elisabeth Legeret. — H.
1672. 15 sept. — Bapt. de Jean-Baptiste Legeret. — H. (J. 758 dit 15 nov.).
1678. 20 oct. — Bapt. de Joseph Legeret. — H.
1681. 21 oct. — Bapt. d'Elisabeth Legeret. — H.
1683. 19 juin. — Ent. de Jean Legeret. — H.
1683. 16 août. — Bapt. de Marie-Catherine Legeret. — H.
1689. 20 avril. — Ent. de Marie Legeret. — H.

Legou.
1686. 26 juil. — Ent. de Judith Legou, femme de Gilles Rousselet. — H.

Le Loup.
1778. 10 oct. — Ent. d'une personne de ce nom. — Cpte Maillet.

Lemaire.
1790. 5 nov. — Ent. d'Anne-Césarine Lemaire, femme de Jean-Alexandre. — Af. du 9.

Lemarié.
1753. 16 août. — Ent. de François-Noël Lemarié. — Af. du 23.

Lemire.
1676. 24 oct. — Bapt. de Marie Lemire. — H.
1678. 30 janvier. — Bapt. de Noël Lemire. — H.
1678. 19 avril. — Ent. de Noël Lemire. — H.
1679. 1er juin. — Bapt. de Marie-Catherine Lemire. — A. 1897, p. 47.
1680. 24 oct. — Ent. de Charles Lemire. — H.

Lenfant.
1686. 30 nov. — Ent. de Jean-Baptiste Lenfant. — A. 1897, p. 47.
1693. 26 janv. — Bapt. de Charles Lenfant. — A. 1897, p. 48.
1758. 27 nov. — Ent. de Pierre-Joseph Lenfant. — A. 1897, p. 48.
1787. 24 juin. — Ent. de Pierre Lenfant. — H. (C'est à tort que H. dit que l'acte est tiré des registres de Saint-Benoit. L'acte est signé du curé de Saint-Hippolyte, Guillaume Bruté et d'ailleurs le décès avait eu lieu aux Gobelins.)

Le Prestre. (Voir *Paul*).

Leprêtre de Neubourg.
1774. 19 oct. — Ent. de Marie-Athanase François de Sales. — Af. du 27.

Le Roy. (Voir *Prevet*).

Le Tellier.
1709. 22 juil. — Bapt. de Marie-Catherine Le Tellier. — H.

Le Vasseur. (Voir *Horquin*).
1764. 19 janv. — Ent. de Jean-Baptiste Le Vasseur. — Af. du 26.
1780. 28 févr. — Ent. de Jean-Pierre Le Vasseur, prêtre. — Af. du 29.

LEVÉ.
1778. 15 juil. — Ent. d'une personne de ce nom. — Cpte Maillet.

LE VOILE.
1638. 26 juin. — Bapt. de Geneviève Le Voile. — J. 752.

L'HERMITTE.
1682. 8 mars. — Bapt. d'un fils de Louis L'Hermitte. — J. 976.

LHEUREUX. (Voir *Jumel*).

LISSONNET.
1751. 27 févr. — Ent. de M. Lissonnet, marchand orfèvre. — Af. du 4 mars.

LOBRY (de). (Voir *Van der Meulen*).
1680. 4 oct. — Ent. de Catherine Lobry, femme Van der Meulen. — H.

LOIR.
1673. 10 août. — Bapt. de Marie-Marguerite Loir. — H.
1746. 8 juin. — Mar. de Alexis Loir et de Marguerite-Thérèse Bailly, veuve de Jacques Rousseau. — A. 1897, p. 48.

LULANE.
1683. 8 mars. — Bapt. de Marie-Jeanne Lulane. — H.

LUNAGUE.
1738. 25 janv. — Inh. de Dominique Lunague. — A. 1897, p. 49.

MACHET.
1722. 6 sept. — Bapt. de Marie-Geneviève-Gabriel Machet. — A. N. Z^{1o} 202 (9 mai 1739).

MAGNY.
1778. 18 oct. — Ent. d'une personne de ce nom. — Cpte Maillet.

MAILLARD.
1778. 12 déc. — Ent. d'une personne de ce nom. — Cpte Maillet.

MALHERBE.
1789. 20 juin. — Ent. d'Agnès Malherbe. — Af. du 22.

MALIVOIRE.
1733. 17 oct. — Mar. de Pierre-Daniel Malivoire et de Claude-Suzanne Dequoy. — A. 1897, p. 33.

MALLET. (Voir *Godheu*).

MANANTE.
1723. 4 nov. — Mar. de François Manante et de Angélique Maurice. — A. N. Z^{1o} 204 (6 juillet 1750).

MANGELSCHOT.
1786. 18 sept. — Mar. de François-Joseph Mangelschot et de Madeleine - Denise Roby. — A. 1897, p. 56.

MARCUET.
1784. 26 oct. — Bapt. de Marie-Joséphine Marcuet. — A. N. T 1388.
1786. 2 déc. — Bapt. de Louis-Jean Marcuet. — *Ibidem*.

MARIE.
1777. 29 juil. — Ent. de Cécile-Perrette Marie, femme d'Ant.-Martin Chagnet. — Af. du 7 août.

MAROT.
1688. 12 mars. — Bapt. de Jean Marot. — H.

1693. 1er févr.— Bapt. de Nicolas Marot. — H.

1694. 20 janv. — Naiss. de Marie-Charlotte Marot. — H.

1694. 25 févr. — Ent. de Nicolas Marot. — B. N. mns. f. fr. n. acq. 3620.

1702. 23 janv.— Ent. de Henriette-Charlotte Marot. — H.

MARTEL.

1746. 7 fév. Ent. d'un maître traiteur de ce nom. — Af. 10 fév.

MARTIN.

1698. . . . . — Mar. de Jean-Baptiste Martin et de Marie-Marthe Noël.* — J. 844.

1699. 28 juin. — Naiss. d'Elisabeth Martin. — J. 844.

1699. 29 juin.— Bapt. de Suzanne Martin, sœur jumelle de la précédente. — H.

1700. 23 déc. — Naiss. de Jean-Baptiste et de Hélène Martin. — J. 844.

1702. 30 août. — Naiss. d'Elisabeth Martin. — J. 844.

1708(?). 6 juil.— Naiss. de Marie-Françoise Martin. — J. 844.

1708. 16 sept. — Bapt. de Jean Martin. — H.

1708. 19 sept. — Ent. de Jean Martin. — H.

1735. 9 oct. — Ent. de Jean-Bapt. Martin. — H.

1741. 26 mai. — Naiss. de Pierre-Alexandre Martin. — J. 864.

1742. 6 avril. — Ent. de Pierre-Denis Martin. — P. L.

1745. 29 déc. — Ent. de Marie-Madeleine Martin, femme de Claude Le Boitteux. — A. 1888 p. 185.

MATHIEU.

1719. 19 sept. — Ent. de Pierre. — H.

MAURICE. (Voir *Manante.*)

MAZELINE.

1669. 15 juil. — Mar. de Pierre Mazeline et de Jeanne-Françoise Francart. — H.

MEGLIORINI.

1683. 16 déc. — Ent. de Ferdinand Megliorini. — A. 1897, p. 50.

MELUN (de).

1672. 24 févr. — Bapt. de Charles-François de Melun. — H.

1677. 12 mai. — Ent. de Louis de Melun. — H.

MERSANGE. (Voir *Coutelier.*)

MESLIN.

1739. 16 mai. — Mar. de Michel Meslin et de Marie-Marguerite Dupart. — A. N. Z^{1o} 209. (13 mars 1771).

1740. 31 août. — Bapt. de Nicolas Michel Meslin. — *Ibidem.*

1766. 12 juil. — Ent. de Michel Meslin. — *Ibidem.*

MILOT.

1689. 18 sept. — Bapt. d'un fils de Jean-Baptiste Milot. — H.

MILSON.

1753. 1er août.— Ent. de Marguerite Milson, femme de Claude Canis. — Af. du 6.

MOINERY. (Voir *Bourge, Le Bel Delmor.*)

1754. 29 juil. — Ent. d'Antoine Moinery. — Af. du 1er août.

1776. 6 avril. — Ent. d'Antoine-Guillaume Moinery. — Af. du 15.

1777. . . avril. — Ent. de Louis

Moinery. — Journal de Paris du 24.

1788. 2 juin. — Ent. de Laurence-Madeleine Moinery. — Af. du 3.

MONCORNET.

1626. 27 juil. — Mar. de Balthazar Moncornet et d'Elisabeth Cabouret. — J. 878.

1626. 22 nov. — Naiss. d'une fille de Balthazar Moncornet.* — J. 878.

1632. 27 sept. — Naiss. de Pierre Moncornet*. — J. 878.

1633. 17 oct. — Naiss. de Marie Moncornet.* — J. 878.

1636. 5 mars. — Naiss. de Jacques Moncornet.* — J. 878.

1642. 16 juil. — Naiss. de Jean Moncornet. — J. 878.

MONNIN. (Voir *Finet.*)

MONTHOLON (marquis de).

1788. 20 avril. — Présentation à Saint-Hippolyte du corps de Mathieu de Montholon, transporté à Saint-André-des-Arts. — Af. du 22.

MONTMERQUÉ.

1682. 25 janv. — Mar. de Pierre Montmerqué et de Catherine Budereau. — H.

1683. 21 sept. — Bapt. de Marie-Catherine Montmerqué. — A. 1897, p. 50.

1688. 4 août. — Bapt. de Marie-Martine Montmerqué. — H.

1693. 15 mai. — Bapt. de François-Pierre Montmerqué. — H.

1698. 9 avril. — Bapt. de Marie-Anne Montmerqué. — H.

1711. 9 avril. — Ent. de Pierre-Léon Montmerqué. — H.

1717. 12 oct. — Ent. de Pierre Montmerqué. — H.

1724. 23 mai. — Bapt. de Mathurin Montmerqué. — H.

1734. 31 oct. — Ent. de Mathieu-Pierre Montmerqué. — H.

1749. 3 juillet. — Ent. de Mathieu Montmerqué. — A. 1897, p. 50.

MOREAU.

1746. 12 févr. — Ent. d'un meunier de ce nom. — Af. du 14 fév.

1759. 2 sept. — Ent. de Marie-Thérèse Moreau, femme de Bernard Rocquier. — Af. du 6.

MOREL.

1661. 6 sept. — Ent. d'un maître tapissier de ce nom. — A. 1897, p. 51.

1776. 13 août. — Ent. de Marie-Anne Morel, femme de Jean-Alexandre Jullienne. — Af. du 22.

MORET.

1711. 27 juin. — Mar. de Germain Moret et de Jeanne-Catherine Chabot. — A. N. Z$^{1\bullet}$ 202 (19 sept. 1738).

MORTEGOUTE.

1681. 17 oct. — Ent. de Madeleine Mortegoute, femme de Pierre Mory. — H.

MORY. (Voir *Mortegoute.*)

MOSIN. (Voir *Bonnemer, Van Dries*)

1693. 1er juil. — Ent. de Jean-Baptiste Mosin. — A. 1897, p. 51.

MOUSSY (de).

1686. 26 févr. — Ent. de Claude de Moussy, femme d'Armand Berthe. — H.

MULOT.
1758. 16 nov. — *Service* pour Emmanuel-François Mulot. — Biblioth. de la Ville de Paris, Lettres de décès.

MUSNIER.
1635. 27 sept. — Bapt. de Pierre Musnier. — J. 258.

MUTINE. (Voir *Van Dries.*)

* * *

NEILSON (Voir *Curmer.*)
1779. 23 déc. — Ent. de Daniel-Marie Nielson. — A. 1897, p. 52.
1788. 4 mars. — Ent. de Jacques Neilson. — Af. du 6.

NEUFMAISON (de) (Voir *Bourdicaud.*)
1719. 7 avril. — Ent. de Suzanne de Neufmaison. — A. 1897, p. 52.
1752. 28 avril. — Ent. de Pierre de Neufmaison. — A. 1897, p. 53.

NOEL. (Voir *Martin.*)

NOINVILLE.
1720. 20 juin. — Ent. de Catherine Noël, femme d'Abraham-Antoine Cardin. — A. N. Z¹° 203 (23 juin 1741).

NOLLET.
1681. 13 mai. — Mar. de François Nollet et de Madeleine Van der Meulen. — H.

* * *

OGER.
1791. 25 janv. — Ent. d'Anne-Antoinette Oger, femme de Gab.-Fr. Ciriez. — Af. du 30.

OLLIVIER. (Voir *Lasne.*)

OUDRY.
1739. 12 juin. — Ent. de Marie-Oudry, femme d'Antoine Boizot. — J. 242, 930 et P. L.

* * *

PAREIL.
1641. 6 oct. — Bapt. de François Pareil. — J. 507.

PARROCEL.
1752. 24 mai. — Mort de Charles Parrocel. — J. 941.

PATIN.
1628. 26 juil. — Naiss. de Guillaume Patin. — J. 944.

PAUL.
1686. 23 avril. — Mar. d'André Paul et de Marie Leprestre, veuve de Nicolas de Metz. — Piot, 95.

PERNOT.
1686. 13 oct. — Bapt. de Jean-François Pernot. — H.

PHILIDOR (**DANICAN.**)
1770. 12 aoust. — Ent. de Hélène-Elisabeth Philidor. — E. c. r. et A. N. AD$^{xx^e}$ 80.

PINEAU ou PINAULT. (Voir *Bénart.*)
1682. 19 mars. — Naiss. d'une fille de Jean-Bapt. Pineau. — J. 976.
1684. 8 oct. — Bapt. d'un fils de Pineau. — H.
1686. 18 avril. — Bapt. de Madeleine Pineau. — H.
1694. 9 juil. — Ent. de Jean-Bapt. Pineau. — H.

POITOU.
1680. 16 juin. — Bapt. de Joseph Poitou. — H.

POTIÉ. (Voir *Genneau*).

PREVET.
> 1778. 28 mai. — Ent. de Marie-Elisabeth Prevet, veuve de Jean-Bapt. Le Roy. — Af. du 4 juin.

PROU. (Voir aussi *Vitry, Fisamen.*)
> 1668. 2 juillet. — Bapt. de Marie-Jeanne Prou. — H.
> 1681. 16 février. — Mar. de Jacques Prou et de Suzanne Tuby. — H. (16 janvier d'après P. L.)
> 1681. 23 nov. — Bapt. de Jacques Prou. — H.
> 1683. 27 avril. — Bapt. de Suzanne Prou. — H. et J. 1010.
> 1683. 27 déc. — Ent. de Jacques Prou. — H.
> 1684. 20 avril. — Ent. de Henry Prou. — H.
> 1684. 12 nov. — Bapt. d'Antoine Prou. — H.
> 1686. 17 avril. — Bapt. de Marie-Anne Prou. — H.
> 1687. 11 avril. — Bapt. de Jacques Prou. — H.
> 1688. 25 févr. — Bapt. de Marie-Jeanne Prou. — H.
> 1691. 18 mars. — Naiss. et ent. de Jean-Baptiste Prou. — H.
> 1692. 28 avril. — Naiss. de Judith-Claude Prou. — J. 1010.
> 1693. 20 avril. — Naiss. de Marie-Suzanne Prou. — J. 1010.
> 1695. 7 mai. — Décès de Judith-Claude Prou. — J. 1010.
> 1696. 28 nov. — Naiss. de Jacques Prou. — J. 1010.
> 1697. 3 oct. — Mort d'Anne Prou. — J. 1010.
> 1699. 25 août. — Naiss. de Catherine Prou. — J. 1010.
> 1706. 8 mars. — Ent. de Jacques Prou. — H. (1709, d'après Piot).
> 1720. 26 mai. — Ent. de Catherine Prou. — H.

***

RAMET. (Voir *Ribet.*)

RAMET DE GOINVILLE.
> 1773. 15 avril. — Ent. de P. Ramet. — Af. du 22.

RANSON.
> 1732. 5 avril. — Ent. de Marie-Geneviève Ranson. — A. 1897, p. 54.
> 1733. 29 juin. — Mar. d'Etienne-François Ranson et de Catherine-Marie Tessier. — A. 1897, p. 54.
> 1733. 1er sept. — Ent. d'Alexandre Ranson. — A. 1897, p. 55.
> 1754. 3 déc. — Ent. d'Antoine-François Ranson. — A. 1897, p. 55.
> 1773. 10 avril. — Ent. de Jean-Bapt. Ranson. — Af. du 15.

RAVISSART.
> 1733. 6 mars. — Ent. du curé Guillaume-Denis Ravissart. — A. N. LL 579, fol. 84.

REAU.
> 1753. 22 août. — Ent. de Louis Reau. — Af. du 30.

RENAULT. (Voir *Caffieri.*)

REVEL.
> 1678. 2 mai. — Bapt. de Marie Revel. — H.

RIBET.
> 1778. 30 déc. — Ent. d'Anne Ribet, femme de P. Ramet. — Af. du 1er janv. 1779.

ROBERT.
> 1663. 1er janv. — Mar. de Pierre Robert. — J. 1325.

ROBY. (Voir *Mangelschot.*)
> 1761. 21 avril. — Bapt. de Made.

leine-Denise Roby. — A. 1897, p. 56.

1782. 23 sept. — Ent. de Jean-Baptiste Roby. — A. 1897, p. 56.

ROCHON.
1670. 2 juin. — Mar. de Jacques Rochon et de Madeleine Jans. — A. 1897, p. 35.

ROCQUIER. (Voir *Moreau.*)
1760. 16 avril. — Ent. de Bernard. Rocquier. — Af. du 21.

RONDET.
1753. 17 juillet. — Ent. de Marie-Angélique Rondet, veuve de Mathurin Vavoque. — Af. du 23.

ROSNEL (de)
1757. 21 nov. — Ent. de Paul de Rosnel. — Af. du 24.

ROUSSELET. (Voir *Legou.*)
1686. 27 juil. — Ent. de Giles Rousselet. — H.
1692. 13 juin. — Ent. de Jean Rousselet. — H.

*
* *

SACHIT.
1747. 27 août. — Ent. de M. Sachit, menuisier des bâtiments du Roi. — Af. du 28.

SAUNIÈRE.
1709. 21 avril. — Mort de Marie-Madeleine Saunière. — H.

SCOTIN.
1665. 23 juin. — Mar. de Gérard Scotin et de Geneviève Bailleul. — J. 1112.
1665. 9 oct. — Bapt. de Pierre Scotin. — J. 1112.
1667. 4 juin. — Naiss. de Marie-Catherine Scotin. — J. 1112.

1671. 26 déc. — Bapt. de Gérard-Jean-Baptiste Scotin. — H. (Piot dit 25 déc.)
1674. 25 juil. — Bapt. de Jean-Baptiste Scotin. — H.
1674. 28 août. — Ent. de Jean-Baptiste Scotin. — H.
1678. 9 juillet. — Bapt. d'un second Jean-Baptiste Scotin. — J. 1112.
1681. 14 fév. — Ent. de Pierre Scotin. — H.

SEVESTRE.
1702. 18 sept. — Bapt. de Jacques Sevestre. — A. N. Z$^{1\circ}$ 200 (18 nov. 1731.)

SIMIANE (de).
1784. 14 avril. — Bapt. d'Angéline-Madeleine Emilie de Simiane. — B. N. mns. f. fr. n. acq. 3622, n° 8535.

SIMONEAU.
1728. 23 mars. — Ent. de Charles Simoneau. — H.

SINET. (Voir *Largois.*)

SOLLIER.
1759. 6 fév. — Ent. de Nicolas Sollier. — A. 1897, p. 56.
1759. 7 août. — Mar. de Nicolas-Florentin Sollier et d'Agnès-Louise Hiard. — A. 1897, p. 57

*
* *

TAMPON.
1749. 9 mars. — Ent. de Marie-Anne Tampon, femme de M. Bedel. — Af. du 13.

TARDIF.
1773. 21 mai. — Ent. d'Antoine Tardif. — Af. du 27.

TEMPORITI.
1671. 19 août. — Bapt. de François Temporiti. — H.
1672. 7 août. — Naiss. d'Elisabeth Temporiti. — J. 1178.
1673... juil. — Naiss. de Pierre-Gabriel Temporiti. — J. 1178.
1674. 19 févr. — Ent. de François Temporiti. — H.
1674. 20 oct. — Ent. de Pierre-Gabriel Temporiti. — J. 1178.

TESSIER. (Voir *Ranson.*)
1767. 13 févr. — Ent. de Pierre Tessier. — A. 1897, p. 57.
1771. 18 déc. — Ent. de Philippe Tessier. — *Ibidem.*
1777. 18 août. — Ent. de Charles-Achille Tessier. — *Ibidem.*

TESTU.
1731. 17 déc. — Bapt. de François Testu. — A. N. Z^{1o} 204, (13 déc. 1745).

THEODON.
1708. 11 octobre. — Ent. de Henri-Antoine Théodon. — H.
1713. 19 janv. — Ent. de Jean-Baptiste Théodon. — H.

TIERS. (Voir *Bouhours.*)
1767. 25 janv. — Bapt. d'Antoine-Paul Tiers. — A. N. Z^{1o} 209 (8 août 1772).
1768. 28 fév. — Bapt. de Jeanne-Louise Tiers. — *Ibidem.*
1769. 26 fév. — Bapt. de Louis-Charles Tiers. — *Ibidem.*
1770. 11 avril. — Bapt. d'Athanase Tiers. — *Ibidem.*
1772. 14 juin. — Bapt. de Jeanne-Madeleine Tiers. — *Ibidem.*

TOLLUS.
1733. 1er fév. — Ent. de Thomas Tollus. — A. N. L 655.
1742. 3 fév. — Ent. de Henri Tollus. — *Ibidem.*
1743. 22 mars. — Ent. de Etienne Tollus. — *Ibidem.*

TONNELIER. (Voir *Dujardin.*)

TRANCHEPIN.
1775. 19 juin. — Ent. de Marie-Fr. Tranchepin, femme de N. Aupy. — Af. du 26.

TRESPAGNE.
1771. 26 nov. — Ent. de Jean-Joseph Trespagne. — Af. du 2 déc.

TUBY. (Voir aussi *Cocuell, Prou.*)
1666. 27 juil. — Naiss. de Charles Tuby. — J. 1208.
1667. 8 sept. — Naiss. de Jean-Claude Tuby.* — J. 1208.
1670. 3 déc. — Bapt. de Claude-Antoine Tuby. — H.
1680. 22 sept. — Mar. de Jean-Baptiste Tuby et de Suzanne Butay. — H.
1681. 6 sept. — Bapt. de Charles-Jean-Baptiste Tuby. — H.
1682. 16 août. — Bapt. de François Tuby. — J. 1208.
1683. 1er nov. — Bapt. de Suzanne Tuby. — J. 1208.
1684. 4 mai. — Mort de Charles-Jean-Baptiste Tuby. — H.
1685. 15 juil. — Bapt. de Marie-Jeanne Tuby. — J. 1208.
1687. 22 avril. — Bapt. de Geneviève Tuby. — H.
1689. 8 juin. — Bapt. de Charles Louis Tuby. — H.
1694. . . . . . . — Naiss. de Charles Tuby. — J. 1209.
1700. 10 août. — Ent. de Jean-Baptiste Tuby. — H.
1701. 24 nov. — Bapt. de Sébastien Tuby. — J. 755 et 1209.
1702 (ou 1703). — Naiss. de Jean-Baptiste Tuby. — J. 1209.
1705. 20 avril. — Mort de Charles Tuby. — J. 1209.

1707. 14 mars.— Bapt. de Suzanne-Angélique Tuby. — H.

1708. 29 juil. — Bapt. de Jean-Louis Tuby. — J. 1208.

1709. 4 août. — Bapt. de Charlotte Tuby. — H.

1709. 29 sept. — Ent. de Charlotte Tuby. — H.

1712. 3 juin. — Naiss. de Jean-Jacques Tuby. — J. 1209.

1714. 14 déc. — Mort de Jean-Jacques Tuby. — J. 1209.

1735. 7 oct. — Ent. de Jean-Bapt. Tuby. — H. et J. 1209.

1781. 9 nov. — Ent. de Françoise Tuby, veuve de François Jogues. — A. 1897, p. 58.

***

VALLAYER.

1744. 22 déc. — Bapt. d'Anne Vallayer. — J. 431.

VAN DE BRESSE.

1699. 26 mars. — Bapt. d'un fils d'Ambroise van de Bresse. — J. 1251.

VAN DER KERCHOVE. (Voir *Leclerc, Branchy.*)

1677. 4 août. — Ent. de Louis van Kerchove. — A. 1897, p. 39.

1692. 18 fév. — Mar. de Jean van Kerchove et de Françoise-Anne Cozette. — A. 1897, p. 22.

1699. 8 avril. — Bapt. de Jean-Claude van Kerchove. — A. 1897, p. 39.

1728. 24 fév. — Ent. de Jacques van Kerchove. — A. 1897, p. 39.

1737. 19 août. — Mar. de Didier van Kerchove et de Madeleine Chabot. — A. 1897, p. 40.

1738. 3 janv. — Ent. de Jean-Louis van Kerchove. — A. 1897, p. 40.

1745. 1er mai. — Ent. de Jean-Claude van Kerchove. — A. 1897, p. 41.

VAN DER MEULEN. (Voir aussi *Baudoin. Husewell, Nollet.*)

1667. 16 déc. — Bapt. de Catherine-Charlotte van der Meulen. — J. 860 et P. L.

1671. 8 juin. — Ent. de Louis van der Meulen. — J. 860.

1671. 4 août. — Bapt. de Suzanne van der Meulen. — H.

1674. 2 mars. — Ent. de Barbe van der Meulen, femme de Adrien Baudoin. — J. 128.

1674. 11 juil. — Bapt. de Marguerite van der Meulen. — J. 860.

1676. 6 oct. — Bapt. de Geneviève van der Meulen. — J. 860.

1679. 22 avril. — Mar. de Adam-François van der Meulen et de Catherine de Lobry. — H.

1681. 12 janv. — Mar. de François van der Meulen, et de Marie Duby. — H.

1682. 27 déc. — Naiss. d'Antoine van der Meulen. — B. N. mns. f. fr. n.acq. 5862, n° 7263.

1684. 22 mars. — Bapt. de Charles van der Meulen. — H.

1685. 29 août. — Bapt. de Nicolas van der Meulen. — P. L.

1686. 30 nov. — Bapt. de Marie-Louise-Thérèse van der Meulen. — P. L.

1688. 2 déc. — Ent. d'un fils de François van der Meulen. — A. 1897, p. 58.

1689. 19 oct. — Bapt. de Charles-François van der Meulen. — B. N. mns. f. fr. n. acq. 3622, n° 8982.

1690. 16 oct. — Ent. de François van der Meulen. — H.

1690. 22 oct. — Naiss. de Marie-Madeleine van der Meulen. — J. 860.

VANDRENESSE. (Voir *de Comans*.)

VAN DRIES. (Voir *Baré*.)

1670. 24 juin. — Mar. de Pierre van Dries et de Pierrette Mutine, veuve Bertrand. — J. 507.

1698. 9 janv. — Mort de Claire van Dries, veuve de Jean Mosin. — J. 507.

. . . . — Mar. de Jean van Dries et de Claire de Bévalt. — J. 507.

VAN MERLE.

1651. 6 août. — Mar. de Jacques van Merle et d'Anne Zuélin. — J. 858.

VARET. (Voir *L'Ecouvet*.)

VAVOQUE. (Voir *Rondet*.)

VENANT.

1753. 1er juil. — Ent. de Jean-Baptiste-Florent Venant. — Af. du 5.

VERDIER.

1635. 25 nov. — Bapt. de Charlotte-Antoinette-Suzanne Verdier. — H.

1685. 20 fév. — Mar. de Françoise Verdier et d'Antoinette Butay. — H.

1687. 13 fév. — Bapt. de Charles-François Verdier. — H.

1687. 21 may. — Ent. de ..... Verdier. — A. 1897, p. 59.

1688. 14 nov. — Naiss. de Charles-François Verdier. — J. 1251.

1690. 12 mars. — Bapt. de Jean-Baptiste Verdier. — A. 1897, p. 59.

1691. 29 avril. — Bapt. de Jean-Baptiste Verdier. — J. 1251.

1691. 31 août. — Mort de Jean-Bapt. Verdier II. — J. 1251.

1692. 30 nov. — Bapt. d'André Verdier. — A. 1897, p. 59.

VIBERT.

1786. 18 mars. — Ent. de Jean-Baptiste Vibert. — Aff. du 19.

VIGOR. (Voir *Hiecmane*.)

1767. 5 sept. — Ent. de Marie-Catherine Barbe Vigor, veuve de Louis Hiecmane. — Arch. Nat. Z⁴ᵒ 210 (8 fév. 1777.)

VILLERS (de). (Voir *Hecquet*.)

1678. 4 sept. — Ent. de Claude de Villers le père. — A. 1897, p. 59.

1679. 5 fév. — Mar. de François de Villers et de Marie-Anne Le Bé. — H. et A. 1897, p. 60.

1690. 19 janv. — Bapt. d'une fille de Claude de Villers. — A. 1889. p. 323.

1690. 22 janv. — Bapt. d'une fille de François de Villers. — A. 1889, p. 323.

1695. 14 mars. — Bapt. d'une fille de François de Villers. — *Ibidem*.

1705. 16 juin. — Ent. de Claude de Villers. — H.

VITRY (de).

1682. 5 fév. — Naiss. de Louise-Françoise de Vitry. — B. N. mns. f. fr. n. acq. 5862, n° 7321. (Parrain, Louis Le Prestre de Vauban).

1693. 1er avril. — Mar. de Nicolas de Vitry et de Marie-Henriette Prou.* — J. 1010.

VIVIEN.

1734. 1er juin. — Ent. de Pierre-François Vivien. — J. 1279.

****

WALLET.

1779. 18 mai. — Ent. de J. Eutrope Wallet. — Af. du 20.

***

YVART. (Voir *Legeret, Legaigneur, Chéreau.*)

1681. 20 avril. — Mar. de Joseph Yvart et d'Anne Barrault. — H.

1689. 14 juil. — Naiss. d'Antoinette Yvart. — J. 1326.

1690. 14 déc. — Ent. de Baudrin Yvart. — H.

1693. 2 août. — Ent. de Joseph Yvart. — A. 1897, p. 60.

1728. 14 nov. — Ent. de Joseph Yvart. — H.

***

ZEGELS.

1648. 2 fév. — Bapt. de Mathieu Zegels.* — J. 507.

ZEIGLER.

1638. 11 janv. — Bapt. de François Zeigler. — J. 506

ZUÉLIN. (Voir *Van Merle.*)

Addition au mot JULLIENNE. — Nous avons signalé, page 172, des actes concernant deux enfants du célèbre amateur, Jean de Jullienne : François, baptisé le 23 juillet 1722 et Marie-Françoise, baptisée le 29 janvier 1727. D'après Clément de Ris (*Amateurs d'autrefois*, page 301), il aurait eu deux autres enfants : Jean, né le 25 mars 1721 et décédé le 25 septembre 1722, et Daniel, né le 4 août 1723.

TABLE DES NOMS PROPRES *

* Les noms qui figurent dans le répertoire qui précède, étant placés par ordre alphabétique, n'ont pas été répétés dans cette table.

TABLE DES MATIÈRES

III

LA PAROISSE AU XVᵉ SIÈCLE

IV

UN CURÉ BATISSEUR : EUSTACHE SAVARY

V

DE JEAN SAVARY A SIMON BIGOT

VI

GABRIEL ET CHARLES COULON

VII

JEAN BLONDEL

VIII

UNE ÉPOQUE TROUBLÉE

IX

LE RÉNOVATEUR DE LA PAROISSE : MICHEL LEBRETON

X

GUILLAUME DENIS RAVISSAR

XI

LES DERNIERS CURÉS DE SAINT-HIPPOLYTE

XII

A LA VEILLE DE DISPARAITRE

XIII

UNE FIN GLORIEUSE

XIV

LES DERNIERS VESTIGES DE L'ANCIENNE ÉGLISE

APPENDICE

TABLE DES ILLUSTRATIONS

Chartres. — Imprimerie Ed. Garnier, 15, rue Noël-Ballay.

Contre-sceau du bailliage de Saint-Marcel (1416).

EGLISE SAINT-HIPPOLYTE (PARIS) — FAÇADE PROVISOIRE

LE MARTYRE DE SAINT HIPPOLYTE
(École flamande)

Le Sacerdoce est l'immolation de l'homme ajoutée à celle de Dieu Celui-là y est appelé qui sent en son cœur le prix et la beauté des âmes. *(Lacordaire)*.

RECONNAISSANT SOUVENIR POUR VOTRE SYMPATHIE ET VOS PRIÈRES EN CE 25ᵉ ANNIVERSAIRE DE MON ORDINATION SACERDOTALE ET DE MA PREMIÈRE MESSE
—— DIX-SEPT ET DIX-HUIT DÉCEMBRE 1898-1923 ——

J. GASTON, CURÉ DE SAINT HIPPOLYTE

SOUVENIR DE LA MISSION

NOËL 1920

*Gravure de FRAPPIER, d'après Sébastien LECLERC (fin XVIIe siècle)
pour la Confrérie du St-Sacrement de l'ancienne paroisse Saint-Hippolyte.*

PAROISSE SAINT-HIPPOLYTE

27, Avenue de Choisy (XIIIe)

RENSEIGNEMENTS GÉNÉRAUX

L'Eglise est ouverte de 6 h. du matin à 7 h. du soir.

Messes du Dimanche, à 6 h., 7 h., 8 h., 9 h. (*Messe des enfants*), 9 h. 3/4 (*Grand'Messe*), 11 h. (*Messe des hommes*).

Baptêmes. *En semaine*, de 9 h. à 11 h. et de 2 h. à 6 h. *Le dimanche*, de 1 h. 1/2 à 4 h. 1/2. Prévenir d'avance.

Malades. On peut venir à toute heure du jour et de la nuit chercher un prêtre pour les malades. S'adresser *le jour* à la Sacristie, et *la nuit* au gardien de l'Église, 27, avenue de Choisy.

Mariages. S'adresser à la Sacristie *en semaine* tous les matins de 9 h. à 11 h. et le samedi après 2 heures. Le *dimanche* de 11 h. à midi.

Catéchismes. *Enfants de 7 à 9 ans* : Jeudi à 2 h.
Préparation à la Première Communion. 1re année, jeudi à 9 h. 1/2. - 2e année, jeudi à 8 h.
Persévérants écoliers, jeudi à 3 h. 1/4. - *Persévérantes écolières*, jeudi à 4 h. 1/4.
Conférences Religieuses, pour les Jeunes Gens, le dimanche à 9 h. 1/2. *Pour les Jeunes Filles*, le dimanche à 11 h.

Patronages et cercles d'études. *Pour les Jeunes Gens*, 25, Rue Gandon. - *Pour les Jeunes Filles*, 27, Avenue de Choisy.

Union paroissiale des Hommes et Association des Femmes Chrétiennes de la paroisse. Demander à la Sacristie le bulletin d'inscription.

M

Monsieur l'Abbé Jean Gaston, Second Vicaire de Saint François de Sales, ancien Aumônier militaire, a l'honneur de vous faire part de sa nomination à la Cure de Saint-Hippolyte, 27, Avenue de Choisy, (XIIIe).

Il vous prie d'assister à son installation qui aura lieu le Lundi 5 Juillet 1920, à 3 heures.

La Cérémonie sera présidée par Monsieur l'Abbé Lefebvre, Vicaire Général, Archidiacre de Ste Geneviève.

Veni Creator.